OHSAMA BUNKO

気くばりがうまい人のものの言い方

山﨑武也

三笠書房

はじめに――言葉は生き物。だから、気をつけたいことがある

「口は禍《わざわい》の門」であると同時に、「幸せの門」でもある。

うっかりして不用意にいった言葉が人を傷つけたために、自分の人間関係がつまらなく侘《わび》しいものになってしまう。

一方、相手の身になって考えていたときに口をついて出た一言が相手の心に響き、そこから豊かな人間関係の展開が見られることもある。

言葉というコミュニケーションの手段は、誰でも小さいときから日々数えきれない回数使ってきている。したがって、皆慣れきってしまっている。子供のときは家庭や学校で使い方を教わったが、大きくなるに従って学習をしなくても不便を感じないので、つい成り行き任せになっている。

しかし、言葉を毎日使っているからといって、必ずしも上手に使っているとは限らない。ときどき立ち止まって、せっかくの手段を効果的に利用しているかどうか確認してみる必要がある。長年の慣れでしていることほど、使い方に自分の癖ができているはずだ。それをチェックして、よい癖は続けていき、悪い癖はやめる。

また、学習をして、よい癖を身につけるようにするのである。慣れきってしまったことについては「慣れるより習え」という考え方が必要だ。

まず、**言葉はもろ刃の剣**であることを、心に銘記しておく。同じ言葉でも使い方によって、その効果はプラスにもなればマイナスにもなる。使うときの状況や背景をよく考えてから使わないと、思いがけない結果を招来することにもなる。あるとき、よい結果になった言葉であるからといっても、ほかの場で使ったら逆効果になるかもしれない。その都度、よく考えてから使う必要がある。

言葉は生き物である。口から出た後は、その言葉を発した人の意図とは異なったはたらきをするかもしれない。善かれと思っていったことが相手に悪く解釈されることもある。

そんなときにも、自分が発した言葉であるから自分が責任をとる姿勢を堅持するべきだ。誤解を招いてしまったとき、誤解をした相手に責任の一端を押しつけ、自分に責任はないとするのは、卑怯者《ひきょうもの》のすることだ。

口先だけでいくら美辞麗句を連らね、人のことを思っているようなことをいっても、心構えが正しくなかったら、即座に化けの皮がはがれる。

話をする相手を、自分と同じ人間であるとして尊重する気持ちが不可欠である。相手の人間としての尊厳を片時も忘れないで相対すれば、一つひとつの言葉を、相手も素直に受け取ってくれる。

さらに一歩進めて、話す相手に対して、同じ人類としての「愛」を感じ、抱くことができれば、コミュニケーションは完璧に近く行なわれることになる。心のこもった話や気のきいた話ができるかどうかは、どれだけ「広く人を愛する」ことができるかどうかにかかっている、といってよい。

そのような心構えを揺るぎないものにしたうえで、普段から何気なく使っている言葉や表現を見直してみる。いつも使っているので深くも考えないで、自分勝手な使い方をしているのではないか。それを人はどのように受け取っているかを考えてみる。人が自分に何かをいったときに、気分がよかったり不快であったりしたのはなぜか、についても分析してみる。

ちょっとした一言は、ちょっとしたことであるからと思って、いう側はあまり神経を使うこともない。聞く側としても、ちょっとした気分のよさや不快感を感じても、ちょっとしたことであるからと思って、聞き流したり、忘れたりする。

しかし、そのちょっとした一言がスパイスとなって、コミュニケーションの味の善し悪しを決めている。

「口から入る」食べ物は、身体に栄養を与えて「動物的生命」を維持し、発展させるのに役立っている。「口から出る」言葉は、人間味に栄養を与えて「社会的生命」を維持し、発展させるのに役立っている。口から出まかせにするのではなく、質のよい栄養分をバランスよく身につけるような言葉遣いを心掛けるべきだ。

山﨑武也

もくじ

1章

気のきいた「一言」
――お互いの気分がよくなるものの言い方

2章

とっさの「一言」
——その瞬間で印象が決まる

3章

知らずにいってしまう「一言」
——口癖で得する人、損する人

4章

口に出さない「一言」
——だから、効きます！

5章 心に残る「一言」
——またこの人に会いたくなる！

1章

気のきいた「一言」

――お互いの気分がよくなるものの言い方

1

うれしい気持ち――この「一言」がいえますか

人にものをもらったり世話になったりしたときは、誰でも感謝の気持ちを表わす言葉をいう。心をこめて「ありがとう」をいう。もちろん、相手が目上であったり、まったく知らない人であったりするときは、「ございます」をつけ加えて丁寧な言い方にする。

しかし、この常識をわきまえていない人を、ときどき目にする。たとえば、見知らぬ人がビルの入口のドアを開けてくれたりエレベーターのドアが閉まらないように押さえておいてくれたりしたとき、何らの挨拶《あいさつ》もしない人は問題外であるが、単にありがとうというだけの人も、尊大な人だと思われても仕方がない。

相当な高齢者でもない限りは、女王様ではないのであるから、きちんと丁寧に「ございます」までいったほうがよい。

相手が目下であると勝手に判断して振る舞うのは、相手を見下しているという印象を与えて、反感を買う結果にもなる。見知らぬ人に対するときは、相手が身分を隠している王子様か王女様であると想定したうえで、礼儀正しい言葉に徹したほうが安全だ。

特に、小さなこととはいえ、自分のために何かをしてくれたのであるから、丁重に礼をいっておかなくてはならない。

自分が相手の立場に置かれたとき、ただ単にありがとうといわれただけであったら抵抗を感じるのではないかと思う場合は、きちんと「ございます」をつけ加えておくべきである。

言葉遣いが丁寧になればなるほど、心から感謝しているという思いが伝わるはずだ。ただ口先で「自動的」に感謝の言葉をいっただけでは、儀礼的な意味しか伝わらない。

儀礼は人と人とが接触するときの最低限の約束事である。人の親切を身にしみて感じたときは、その気持ちを具体的に表現する言葉が必要となってくる。相手がしてくれたことに対して、どの部分が特に印象に残ったかなどについて、相手に率直な気持ちを伝えるのである。

抽象的なことをいったのでは、儀礼の域に留まってしまう。**一点でもよいから、できるだけ具体的なことをいうのがポイント**である。

食事をご馳走になったとき、「どうもありがとうございました」だけでは儀礼的な表現でしかない。「ごちそうさまでした」をつけ加えると、ちょっとぐらいは感情が入ってくるが、依然としておざなりの表現でしかない。

そんなときに、「おいしかった」という一言が発せられたら、料理を楽しんだという事実を示せる。ご馳走した側としても、相手が喜んでくれたという「証言」を得た感じを受ける。

相手のためにしたことに対して、それなりの効果があったことを確認した結果になるので、自分としても満足感がある。さらに、相手が特定の料理の名前をあげて、「あれほどにおいしい料理は初めてで、これ以上の幸せはない」などといえば、感動の具体性、つまり感謝の内容の具体性が、一層高まってくる。

どの料理もすべておいしかったとしても、そのようにいったのでは、儀礼的なにおいがつきまとう。特に印象に残ったり気に入ったりした料理を選び、そこに焦点を合わせて賞讃をするのである。

すべてがまったく同じ程度においしいということはありえない。この世の中にまったく同じものは存在しないという事実は皆知っている。したがって、「すべてよい」という表現は信憑性《しんぴょうせい》が低いのである。

相手の「好み」を推測する力

このことは、お礼の言葉に限らない。人によって、それぞれ好みが異なっている。すべてが誰にでも好かれるということはない。

だからこそ、人とつきあうときにはさまざまな観点から人を観察し、その人の好みを推測して、その人が気に入るようにと全神経を集中して行動する。それができる人が、人づきあいの上手な人であり、人間関係に秀でている人である。

表向きだけ八方美人的に振る舞う人は、その点に関する真実を把握《はあく》していない人だ。したがって、深い人間的なつきあいはできない「不器用」な人である。

いずれにしても、感謝の気持ちを表明するときは、できるだけ具体的に指摘し、それに対する自分の感想を、感謝の言葉の後につけ加えるのである。自分の感動を率直に述べる。

もちろん、くどくどといったのでは、おもねる雰囲気が醸《かも》し出されるので逆効果である。感動の言葉は簡潔でなくてはならない。自分が感動したことを生き生きとしたかたちで相手に伝える。

急所や要点は一点である。言葉が多いと焦点がぼやけてくる。「寸鉄人を刺す」一言でなくてはならない。

2

謝罪の言葉は「すぐに」「ストレートに」がよい

自宅の近所に有名な洋菓子店がある。喫茶室もあり駐車場のスペースも十分なので、客は引きも切らずにやってくる。おいしいケーキ類は、夕方にはあらかたなくなってしまう。限定品と銘打つような野暮なことはしないが、それぞれについて一定数以上を製造していないのは明らかだ。

東京を始め首都圏にある有名デパートには出店しているが、そこで売っているのはクッキー類だけで、ケーキ類など、なまものは扱っていない。見識のある営業方針であるので、全面的に信頼していた。

ところが、そのような信頼感を一瞬にして裏切るような出来事が起こった。午後もちょっと遅くなっていたので、目指す種類のケーキも全部はなかった。妻と一緒に六個を選んで買って帰り、紅茶を入れながら箱を開けてみると、五個しか入っていない。レシートを見ると、きちんと六個分の支払いをしてある。

早速、電話をしたうえで、妻がレシートを持って行って、入っていなかったケーキをもらってきた。憮然《ぶぜん》たる面持ちで帰ってきたので聞いたら、謝罪に類する言葉が全然なかったのだという。

店側が間違っていたのは明らかであるにもかかわらず、それに対して「申し訳ありません」とか「すみません」とかの簡単な言葉さえも発しなかった。

●営々と積み重ねてきた信頼が一瞬で崩れ去るとき

本来であれば、電話を受けたら間違いを犯した側が飛んでくるべきところを、客がわざわざ出向いていったことに対して感謝の言葉もなかった。「わざわざおいでいただき」とか何とか、決まり文句の挨拶もない。ケーキ一個の入った包みと一緒に、小さなクッキーの包みを渡されて、「お中元ですが、どうぞ」といわれたという。ドアを開けて帰るときも、「またどうぞ」といわれただけである。

そのときの店員は若い女性と中年の男性で、よく見かける女性のベテラン店員はいなかった。慣れていないのかもしれないが、間違いを犯したら謝るという最低限のルールも実行できないのでは、サービス業の店頭に立つ資格はない。というよりも、まず人間失格である。

男性の店員がケーキを箱に入れ、女性はレジを打っていたので、女性は男性が悪いと思っていたのかもしれない。

男性は、自分としては六個入れたと思っていたのかもしれない。自分の間違い、ないしは錯覚の可能性を信じたくなかったのかもしれない。

しかしいずれにしても、一言の謝罪の言葉もなかったという事実は、長年にわたってひいきにしてきた客の気持ちに冷水《ひやみず》を浴びせかける結果になった。

店としても、営々として積み重ねてきた信用が、一瞬にして崩れ去ってしまったのである。

●「心のしこり」を固定化させない

大きな間違いを犯したら、誰でも謝って許しを乞う。いつまでも責められないためにも、できるだけ早く謝ろうとする。

しかしながら、ちょっとした間違いのときは、すぐに人も忘れてくれるだろうと考えて、うやむやにしようとする傾向が見られる。

ところが、小さな間違いであっても、それによって不便を被《こうむ》ったり気分を害したりした人にとっては、しこりとして、いつまでも残る。

それに対して、謝罪の言葉が述べられたときは、しこりとして固定化しないうちに悪感情も消えてしまう。

悪感情がしこりとして残った場合、それはしばらくの間は少しずつ大きくなっていく。ある程度の日時が経過して初めて、その結晶作用が止まる。

しかし、しこりが「風化」するまでには、かなりの月日を要する。したがって、私の足が件《くだん》の洋菓子店へ向くことは、当分の間はない。

店員から受けた悪印象が薄らいできて、ケーキのおいしさの記憶に抗しきれなくなったときに初めて、買いに行ってみようとする気になるだろう。

自分のほうに少しでも悪い点があると思ったら、即座にその罪を認めて謝る。

悪い点があったとしても、ちょっとだけだと思ったり、それほど悪くはないと考えたりするときは、謝ったら「損」をすると思っている人が多い。謝るのは失敗をした証拠であり、したがって自分の格を下げる結果になると考えている。

しかし、「過つは人の常」である。過ったからといって恥じることはない。しかし、謝らないのは人の道に反する。

謝るときは、即座に頭を下げて簡潔な謝罪の言葉をいうのが鉄則である。長々と言い訳をすればするほど、謝罪の気持ちが少ないと解釈される。人のせいにするようなことをいったのでは、自分は悪くない点を主張する結果になるので、反感を買う可能性がある。

謝るときは、舞台の上に立ってスポットライトが当てられている状態になる。皆が自分を注視しているのである。そこで、**いさぎよく非を認める姿勢をとれば、皆に好印象を与える。**

詫《わ》びの一言に心をこめてみる。すがすがしい謝り方をすれば、その人の「格」が上がる。禍を転じて福となす結果になるのである。

3 「ノー・サンキュー」の効用

人に何かをすすめられて肯定的な返事をするときは、「はい、ありがとうございます」などという。感謝の言葉をつけ加えるのが、丁寧な対応の仕方である。

それに対して、否定的な返事をするときは、ただ「いいえ」といったり、単に首を横に振ったりする。丁重さを表現するために、「結構です」という言葉をつけ加えることがあるくらいだ。

英語の表現においては、肯定的な返事の場合は「イエス・サンキュー」であり、否定的な返事の場合は「ノー・サンキュー」である。**ノーの場合でも、必ずサンキューをいうのが特徴的**である。

自分に対して気を使ってくれたことに対して、感謝の念を表明しているのだ。たとえ商売上の誘いかけであったとしても、また、自分にとって迷惑に思うことであっても、サンキューをつけ加える。

単なる社交辞令的な表現でしかないともいえるが、それだけに人間関係の観点から見れば、見習うべき点である。どのような話し掛けに対しても、「ありがとう」をつけ加える必要はないが、単に表面上だけであっても、好意的なアプローチであると思ったら感謝の言葉を述べてみる。

●人の領域に闖入してくる相手への対応法

私は場違いなときにも感謝しているといって、周囲の人に笑われることがある。たとえば、電話による販売や投資の勧誘に対して断った後で、「ありがとうございました」ということがある。

本当をいうと私は、見も知らない人が電話をかけてきて、自分の商売をしようとすることに対して、極度の嫌悪感を抱き、強い憤りを覚えている。その時点で相手が何をしているかに対する配慮はまったくなく、突如として人の領域に闖入《ちんにゅう》してくる。

そして、相手の仕事や思考を勝手に中断したうえに、その人の時間を無理やり強奪するからである。

「時は金なり」というが、時間が貴重なことは、金の比ではない。金は取られても取り返すこともできれば、後からほかの方法で埋め合わせをすることもできる。

ところが、自分の所有している時間は一定量であって、かけがえのないものである。自分にとって最も大切なものである「自分の命」と直結している、このうえなく大切なものだ。

したがって、相手の時間を勝手に取ろうとする人は、相手の命を「切り刻んで」その一部を取っていくのと同じことをしているのである。そのような人は、人非人《にんぴにん》と呼ぶべきであり、自分の敵であることは確実だ。

ダイレクトメールであれば、自分にとって都合のよいときに、まさに一瞥《いちべつ》をしただけで捨てることができるから、被害は最小限に食い止めることが可能だ。しかし、電話の場合は、相手にとって都合のよいときに、「一瞬」をはるかに超える時間を取られてしまう。

●この「ニュアンス」が伝わることが大切

時間という、個人にとって最も貴重な財物を無理やりに奪うのであるから、「強盗」と極《き》めつけてよいはずだ。私が許せないという気持ちになるのも道理にかなっていると考えている。

そのような電話による押し売り、すなわち時間強盗に対してまでも、ときどき最後にありがとうなどと、私がいうのはなぜか。

相手は食べるために仕方なく、そのような仕事をさせられているのかもしれない。そうであれば同情に値する人である。また、押し売りをしようとする確信犯的な人であれば、初めから人の迷惑などは考えようとしていない。理不尽なことも平気でする、危険な人だ。君子危うきに近寄らず、である。

いずれにしても、下手に刺激をしないで、丁寧な物腰に徹しておいたほうが無難ではないか、と考えているからだ。相手は私の電話番号だけではなく、住所も知っている可能性が高いことを忘れてはならない。

否定的な反応を示したときでも、「ありがとう」の言葉をつけ加えれば、柔らかい雰囲気になることは間違いない。「いいえ」という言葉はいわれたことに対する否定の意味であって、人間関係が友好的に続いていくことには変わりがない、というニュアンスが伝達される。

日本人が否定的な返事をしたときに、ありがとうをいわない背景には、人がノーというようなことを聞くのは、相手のことをよく考えていないからだという昔からの考え方があるのかもしれない。相手のことを真剣に考えれば、相手の気持ちを推し量ることができる。相手にノーといわせるのは、いわせるほうが悪いという考え方である。

しかしながら、仕事の場であれ日常生活の場であれ、すべてのテンポは速くなってきている。「悠長に」人の心を推し量る余裕もなくなっている。

その点を多少でもカバーするためには、「ノー・サンキュー」方式を励行してみてはどうだろうか。

4

会話のうまい人は「相手に同じ質問を返す」

英会話を習い始めたとき、誰でも次のように教わったはずである。

「お元気ですか」という質問に対しては、「ありがとう、元気です」と答えるが、それだけでは十分でなく、「で、あなたのほうは」という質問をつけ加えなくてはならない。

この英会話の定型に、会話をスムーズに続けながら、お互いの人間関係を深めていくためのヒントがある。

すなわち、相手が聞いてきたことに対して答えた後、同じ内容について相手に聞くのである。親しい間柄で家族の安否を問うような、挨拶の一部となっているようなことでも、自分の家族の状況を伝えた後、相手の家族についての情報を求めるのが礼にかなっている。

面倒くさいようでも、一つひとつ抜かりなく相互主義を徹底的に貫いていくのが、そつのないつきあい方の原則である。

●自分のことは「過小評価」、相手のことは「過大評価」

相手が自分の個人的なことについて質問をしてきたときも、答えた後は同じことについて相手に質問をする。

相手が話題にしたことは、個人的にかなり深い関心を抱いていることである。

また、それは自分自身が得意に思っていたり自慢したいと考えていたりする話題である場合が多い。そのような相手の気持ちを察したら、相手の情報も得たいという姿勢を示さなくてはならない。

たとえば、どこに住んでいるかを聞かれたときだ。場所や周囲の状況や特徴を簡単に説明したら、間髪《かんはつ》を入れず、相手の住まいについて聞くのである。

相手が聞いてきたからといって、待っていましたとばかりに得意になって、自分の住環境についてしゃべり立ててはいけない。自分側の情報についても小出しにしていくのが賢明だ。相手よりも自分のほうが優れていることがわかる結果になったら、相手の気分を傷つけてしまう。

相手が胸を張って説明したり自慢したりする余地を残しながら、会話を続けていかなくてはならない。自分のことについて説明するときは、「大したことはない」とか「つまらないこと」とかいいながらにする。

自分のことについては常に過小評価をし、相手のことについては常に過大評価をするという心掛けは、社交に成功する基本的条件の一つである。

もちろん、それには限度があり、行き過ぎになると慇懃《いんぎん》無礼になったり、へつらいになったりするので注意を要する。

あくまでも如才ないという範囲内に留めておかなくてはならない。そうでないと、せっかくの発言も信憑性に欠けることになるからだ。

●当たり障りなく「その場を収める」方法

しかし、相手が話題にしたことについて相手側の情報を求めたところ、相手が言葉を濁すこともある。そんなときは、その話題からできるだけ早く逃げなくてはならない。「ところで」とか何とかいって、とっさに差し障りのない話題への転換を図るのである。単に人の個人的な状況について好奇心があっただけであるので、聞かれた側としても、あまり詳細に話す必要や義務もない。

逆に、そういう人は詮索《せんさく》好きな人であるから、あまり打ち明けた話はしないほうが得策である。当たり障りのない情報を提供したら、自分自身も言葉を濁しておけばよい。

ここでも相互主義を貫くのである。自分だけが不利になる可能性のあることをする必要はない。自分がつきあう人は、自分と同じ価値観を持っている人だけにするのが理想的である。

仕事上の関係などから、自分と考え方の合わない人とつきあわなくてはならない場合もある。その場合は、仕事上のつきあいだけに限定する。自分自身を殺してまで無理をする必要はない。割り切って考えればよいのである。

個人的なことで自分が話したくないことについて聞かれたときは、きっぱりと「話したくない」という。質問の矛先《ほこさき》をかわそうと思って、曖昧《あいまい》な受け答えをしていたら、相手は聞き出そうとして、さまざまな角度からの質問をしてくるだけだ。きちんと拒絶の意思表示をしておく必要がある。

いずれにしても、個人的な情報について人に質問をしたら、相手も同じ内容について自分の情報を求めてくることを心得ておかなくてはならない。その覚悟ができていなかったら、そのような質問をするべきではない。

人に質問をする前に、「で、自分については」と自問自答する習慣がついている人は、会話術に長《た》けている人である。話のあちこちでお互いの人間関係を確かめるポイントとなる言葉を、思い出したり発したりしている人だ。

5

ほめられて株を上げる人、下げる人

夫に先立たれて独り暮らしをしている年配の女性がいる。子供たちは独立し、それぞれに生計を立てているので、独りで淋《さび》しく思うことはあっても、気ままな生活を楽しんでいる毎日である。

都心のマンションに住んでいるので、ときどきおしゃれをして外出をする。化粧もきれいにしているが、目立つ派手さはない。最新の流行に沿ったものではないが、小ぎれいに身なりを整えている。アクセサリーも控えめではあるが、よく見れば品質のよいものだ。

清潔感のあふれた様子なので、同じマンションの住人の女性は、いつも感心して見ている。そこで顔を合わせたときなどは、「いつもきれいにしていらっしゃって」などとほめるのである。

すると、嬉々《きき》とした表情を見せて、「ありがとうございます。ほめられてうれしいわ」という。その言い方にはうれしいと思っていることが率直に表われている。人の好意的な話し掛けに対して、感謝の意を表明したうえで、自分の気持ちを率直かつ簡潔に表現しているのである。その反応の仕方はスマートで、すがすがしい印象を与える。

ほめられたからといって、洋服について由来をいったり指輪の自慢をしたりすることはない。また、ほめられるほどのことはないといったり、古くて大したものではないなどと説明したりすることもない。

●調子に乗らない、謙遜しすぎない

ほめられたからといって調子に乗るのはよくない。相手が単なる社交辞令としていっているとしたら、苦々しい思いをするだけだ。自分勝手なご託《たく》を並べられたりしたら辟易《へきえき》して、あの人はほめると話が長くなるからという理由で、皆から敬遠されることにもなりかねない。

また、せっかくほめてもらったにもかかわらず、つまらない謙遜《けんそん》心から、ほめられる価値がないという意味のことをいえば、相手の好意を無にする結果になる。そればかりか、相手の「鑑識眼」が間違っているというに等しくなってしまう。人の好意に対しては、素直に感謝して喜んでみせるのがいちばんである。

私も若いころ、身につけているものをほめられたりすると、内心は得意に思っているにもかかわらず、そのほめ言葉を無視したり聞こえなかったふりをしたりしていた。すぐに別の話題を持ち出して、話を逸《そ》らせたりしたものだ。単なる照れ隠しの反応であって、人の好意に対して応える術《すべ》を知らなかった。

成熟した大人から見ると、独りよがりで心が狭く、まったくかわいげのない奴だと思われていたに違いない。年をとるに従って、多少はスムーズに対応できるようになってはきたが。

「素直な人」が発している人間的魅力

業績などについてほめられたときも同様である。取り立てていうほどのことでもない、という意味の反応を示したのでは、謙遜しているというよりも、自分の能力を誇示していると解釈されなくもない。

自分にとってはそれほどの業績でもないといえば、自分のレベルはさらに高いところにあるという意味にもなるし、自分としてはそんなに努力をしているわけでもないという説明にもなるからである。

学生時代の期末試験などに対しても、仲間には二つのタイプがあった。徹夜までして一所懸命に勉強したのだが、あまり芳《かんば》しい成果は上がらなかったという者が、一方にいる。他方には、昨夜はちょっと飲みに行ったりしたので、それほど勉強する時間がなかったが、まあまあの出来であったという者がいる。

前者は素直な正直者である。後者は努力をしていないふりをしている、嘘つきである。仲間が全力投球をしないように牽制《けんせい》すると同時に、自分はガリ勉をしなくてもできるという能力を示そうとしている。

人間としては、素直な言動をする人のほうがつきあいやすい。努力をしたことに関しては、自分はベストを尽くしたと素直にいう人のほうに、人間的魅力を感じる。取り繕《つくろ》ったり隠したりと、何らかの操作をしたと感じさせるのは、人間関係においてはマイナスの結果しか招来しない。

何か自分がしたことをほめられたときは、まず、ほめてもらったことに感謝して、自分のうれしい気持ちを伝える。その後で、自分としてはベストを尽くしたことをつけ加えれば、その真摯《しんし》な姿勢に対して、人々はさらに賞讃の言葉を浴びせてくれるはずである。

6

同じことをいうのでも必ず「二つの言い方」がある

四十代半ばになって結婚し、子供の親となってからも暴飲暴食を続けていた私も、少しずつ家族の忠告に耳を貸すようになった。

小さいときは食糧難時代で、常に飢餓状態であったので、以前はその埋め合わせをするかのような勢いで、目の前にあるものはすべて平らげていた。それが、私たちの年代に特徴的な、食に対する行動様式でもあった。

生存本能に基づいているともいえる、このような「癖」を直すためには、論理もそれほどには役立たなかった。この癖が直るまでには、ある程度食べて、消化する能力が多少衰えるまで待つほかなかったようである。

食べすぎると身体に負担がかかり、苦しい思いをするが、腹八分目にしておくと疲れが少なくなることも、ようやくにして覚えた。

酒も適度に飲む習慣が身についてくると、体重が徐々に減ってきた。睡眠時間も多少ではあるが、少なくてすむようになってきた。階段を上るのも楽になった。

最も顕著な現象は、長時間の正座に耐えられるようになったことである。それまでは、二、三十分もすれば足が痺《しび》れてくるので崩さざるをえなかったのが、長い時間、正しい姿勢を保つことができるようになったのだ。

得意満面になっていたが、そのようなときに、久し振りに会った知人のいった一言には不快感を禁じえなかった。

「痩《や》せましたね、大丈夫ですか」といったのである。

これは、私が痩せたことに病気の兆候を見たという発言にほかならない。私のことを心配してくれたことに対しては感謝をするが、人の感情に対する配慮が欠けている。

実際に病気になっている人であったら、見るからに病人であるといわれたに等しく、自分自身が気にしている点に輪をかける結果になる。

不治に近い病に冒されていて悩んでいるときであったとすると、その不安感は極度に高まる。病気であることを隠したいと思っているときは、嘘をつくのを心苦しく思うであろうし、打ち明けなくてはいけないだろうかと考える羽目にもなる。少なくとも心理的には追い詰められる結果になるのだ。

●いつでも「時」と「所」と「場合」をよく考える

最近の健康志向の観点から見れば、痩せるという言葉は、どちらかというとよい意味で使われることのほうが多い。しかし、病気をしている人にとっては悪い意味になる場合が多くなる。したがって、痩せたという印象を抱いても、相手の状況をよく観察したうえで話題にするかどうかを考えるべきである。

平気で冗談をいい合う親友同士であれば、あけすけに感想をいっても問題はない。

互いに反駁《はんばく》することもできるし、真実を述べることもできる。

しかし、それほどの親密さのない間柄では、社交的な言動に徹しておいたほうが無難だ。すなわち、同じ感想を述べたり同じ現象を説明したりするときも、常にポジティブな言葉を使うのである。

たとえば、痩せたというよりも「すっきりとした感じだ」とか「スマートになった」とかいうのだ。しかしながら、そのような言葉も妙齢の女性に対していうときは、注意を要する。それまでは肥《ふと》っていると思っていたという事実を、暗に暴露する結果にもなるからだ。

常に時と所と場合とを、よく考えたうえで口を開く必要がある。

●「プラスの方向」に解釈し「ポジティブな表現」を

友人の弁護士が不満を漏らしていた。事務所に入ってきたばかりの女性秘書がエレベーターホールで顔を合わせたとき、「顔色が悪いですね」といったというのだ。

多くの事案を抱え、時間に追われて日夜働いているのだから、週末近くにでもなれば疲れきってくる。冴《さ》えない顔色になってくるのも当然で、そのようなことを、ほかの人たちもいる前で指摘する必要はないであろう、というのだ。

ありきたりの芸のない表現でもよいから、「忙しそうですね」というぐらいにしておけばよいのだ。顔色が悪いなどとネガティブなことをいわれれば、膨大な量の仕事がさらに覆《おお》い被《かぶ》さってくる感じになる。

相手が上司であれ部下であれ、マイナスの要素のある事実については述べないことだ。それを乗り越えるような、励ましの言葉を選ぶ。

社交の場においては、すべての事象についてプラスの方向へと解釈したうえで、ポジティブな言葉を選んで表現することだ。

人生は気の持ちようによって、明るくもなれば暗くもなる。人と人とが社交的に接する場では、真実を追究する必要はない。その場をできるだけ明るくする雰囲気を醸し出すような会話を心掛けるべきである。

7 本音は「飾らない」ほうがいい

売り上げも利益も上昇傾向を続けている大企業である。したがって、常にテレビや新聞を初めとするメディアでも話題にされている。当然のことながら、そのトップも脚光を浴びていて、あちこちの場面で発言を求められる。彼は自分の信条に従って推し進めている策がすべて功を奏しているので、その発言も自信満々である。

その人の講演を聞く機会があった。自分の所信や会社の業績と将来の見通しなどについて述べた後に、質疑応答の時間が十分にとられていた。聴衆からは賛嘆に基づいた質問が多かったが、一部にはうがったものの見方に従った、厳しい質問もあった。

ところが、それに対する答えは当たり障りのない平凡なもので、ポイントが幾分逸れていた。問題をごまかしているとまではいわないが、不誠実な対応を感じさせるものであった。

●虚勢は「底の浅さ」につながる

そこで、私としてはちょっとした不信感を抱く結果になった。足が地についていない点に「裸の王様」の気配を感じたのである。その疑念は、後で確信に変わった。

会場を出たところにあるエレベーターホールで、その人と取り巻きの部下数人が一緒にいるところに居合わせたのである。こびるような目で見ている部下たちに向かって、その人は「あんなところでよかったかな」といったのである。

得意然とした様子には、傲慢《ごうまん》さの要素があった。聴衆を見下して軽くあしらったというニュアンスを感じたので、聴衆の一人として、嫌な気分になった。と同時に、その言葉には、部下の手前、虚勢を張ったという感じも見てとれた。

雑多な職業の人たちの前で話をするのは気疲れする。しかも、聴衆はそれぞれの道では専門家たちであるから、下手なことをいっては馬鹿にされる。それなりに神経を使ったので、終了後は、ほっとしたはずである。無事に終わって、安心をしたというのが本音のはずだ。

その気持ちを率直に表現しないで、適当にこなしたという風情を見せたところに、底の浅い脆弱《ぜいじゃく》さを感じたのである。すなわち、部下に対しても自分の弱さを見せまいとする姿勢が垣間見えたのだ。

●弱みを自然に見せられる強さ

本音とは、自分が心の底で思っていることである。自分の立場上、人前でいってはいけないことである。しかし、思っていることを隠し続けていわないでおくのは、精神衛生上よくない。まさに『大鏡』でいう「おぼしきこといはぬは、げにぞ腹ふくるる心地しける」という状態になる。

やはり、ときどき親しい人や周囲にいる「腹心」に対しては、本音を漏らすのが人間的な行動様式である。これは、ストレスを上手に解く方法でもある。

本音は弱音である。実際には強靭《きょうじん》な意志の持ち主で確固たる信念があるにもかかわらず、表向きは弱い姿勢を見せなくてはならない立場に立っている人もいる。建て前上は弱いふりをしているのである。無理やり自分を抑えて建て前を繕《つくろ》っているのであるから、その本音は客観的に見れば強気なのであるが、本人の主観からいえば「弱音」にほかならない。

したがって、**本音を吐くときは、仕方なく自分の弱みを見せるという風情が自然だ。**本音に強がりがあったり気取りがあったりしたのでは、それだけで本音らしき言葉の信憑性も薄くなってしまう。

政治家などが公の場で問い詰められ、切羽詰まって本音を吐くときがある。そんなとき、どこまでも権威を保とうと思っているのであろうが、居丈高になって本音をいっている。建て前の論理や、それに従った言動に矛盾が生じてきたのを指摘され、説明ができなくなったので、本音をぶつけて聞き直るのである。

「申し訳ない」の一言があれば丸く収まることは多い

政治家であれ誰であれ、**人の上に立つ者は、どこまでも筋を通す義務がある。**そうでないと、それに従っている人たち全員の方向性が狂ってしまう。どうしても筋を通すことができない状況に立ち至ったときは、自分なりにその理由を説明して、頭を下げなくてはいけない。「申し訳ない」の一言をいえばよいのだ。

そうすれば、本人は筋を通すべく努力していたことがわかるので、皆も仕方がないと諦《あきら》めることができる。本音を吐くときは、どこかで矛盾が生じたときであるから、それが自分の責任によるものであれ不可抗力によるものであれ、力の至らなかった点を詫びることが必要だ。

本音をいうときは、素直かつ謙虚な態度に終始する。自分を飾ろうと思ったり、自分の体面を維持しようと考えたりすると、さらなる矛盾が生じるので、支離滅裂な人という印象を与える結果になる。それでは人の信頼を得ることはできない。

8 角の立たない「不満な気持ち」の伝え方

自分の思い通りに事が運んでいかないときは、不満に思う。そんなときに誰か人が関係していて、その人が自分の思うようにしてくれなかった場合は、その人に対して不満な気持ちを抱く。

なぜ自分が考えていたように行動してくれなかったのか、と考えてみたりもする。相手がどのように考えようと相手の勝手であるにもかかわらず、自分の要望通りに考え、行動してくれるべきではなかったか、などと考える。

そのように考えていくと、程度の差はあっても、ちょっとした恨《うら》みつらみの気持ちが高じてくる。そんなときに当の相手が目の前に現われたときは、その感情をそのまま表に出して相手を問い質《ただ》したくなるのも人情である。

「なぜ」そのようにしたのか、または「なぜ」このようにしてくれなかったのかなどと、詰問口調になるのである。

●「けんか腰」に出てもいいことは一つもない

たとえば、いつも一緒に行動している仲間の中で、特定の食事の会に自分だけが誘われなかったときだ。つい、なぜ自分だけを仲間はずれにしたのか、といいたくなる。しかし、それではいわゆるけんか腰になってしまうので、拙劣な手法であるといわざるをえない。

なぜなら、相手はそれに対して自分を防御する態勢を整えようとするからだ。「なぜか」と聞けば、少なくとも相手を身構えさせる結果になる。同じ仲間同士であっても詰問すれば、その瞬間は敵対視していることになる。いわば、「対立関係」をつくり出しているのである。

相手が心の広い人であって、そのような雰囲気を吹き飛ばすような快活さで、自分の至らないところを謝るような行為に出れば、何らの問題も起こらない。

しかし、対立的行為に出られれば、警戒して防御と攻撃の姿勢をとろうとするのが、人間の本能的性向である。したがって、自分の要望とは異なった結果になったことに関して、その不満な気持ちを人にぶつけても、状況がよくなることはない。

そこで、自分が期待していた気持ち、すなわち、仲間に入れてほしかったという要望を率直に訴えたほうが効果的である。

それも、過ぎてしまったことについて自分の思いをいっただけでは、単なる愚痴に終わってしまう。結果的に相手をなじることになり、相手に言い訳や詫びの言葉を強要することにもなる。

そこで、将来において同じようなことがあったときは、自分も必ず誘ってほしいというのだ。

感情の「ガス抜き」は前向きかつ建設的に

不満な気持ちは、そのままに抑えつけておくと「発酵作用」を起こしてしまい、逆に抑えきれない圧力となってくる。

したがって、人に聞いてもらったり、ほかにエネルギーを転換したりして、いわゆるガス抜きをする必要がある。大爆発に至らないようにするのだ。

一方で、自分の不満な気持ちを自分自身で「分解」する方法もある。不満を分解していけば、その元には自分の「欲」があることがわかる。自分の欲、すなわち要望どおりに現実が展開していかなかったところから、不満の気持ちが生じている。その不満に焦点を当てるから、世の中が暗くなってしまうのである。

不満の元にある、自分の期待や要望に焦点を合わせて、その気持ちを人に聞いてもらうようにと、発想の転換をしてみるのだ。こうならなかったとか、こうしてくれなかったとか不満に思うのではなく、同じようなときに今後はこうなってほしいとか、こうしてほしいとか考える。

過去のことについて後ろ向きに考えないで、将来のことについて前向きかつ建設的に考えていくのである。

そのうえで、その気持ちを関係する人に対して直接に訴えてみる。または、親しい人に聞いてもらってもよい。**誰でも不満を聞くのは歓迎しないが、要望に耳を傾けることには抵抗を感じない。**

要は、「なぜこうなったのか」とか「なぜこうしてくれないのか」とかいわないで、「こうなったらよい」とか「こうしてください」というのである。本来の要望をひねくって不満に仕立て上げていうので、角が立つ結果になるのである。

要望を不満のかたちにして表現するのは、ひねくれた発想でしかない。要望は要望するのが自然で、そのような姿勢に対しては、人も素直に対応してくれるはずだ。

9 この一言がなかったばっかりに……

仕事熱心な人で、上役の覚えもめでたい。人当たりも柔らかく、顧客の間での評判もよい。しかし、部下に対しては、多少ではあるが上役風を吹かす傾向があるので、部下の間では、あまり人気がない。

それに、事務的能力において欠けるところがあり、そのしわ寄せが部下や、ほかの部署に及ぶこともある。書類を回したり指示をしたりするのを忘れることが時たまあるので、ほかの人が迷惑を被る結果になる。

この人があるとき、外注に出すことになっていた仕事について、急な出張に出ていたこともあって、すっかり忘れていた。部下に指摘され、大慌てで業者を呼んだ。

客先に納入する期日が迫っているので、三日間で仕上げてもらわなくてはならない。しかし、通常は急いでも一週間はかかる仕事であるから、業者もおいそれと引き受けてくれない。

通常の代金に対して割増し金を払うからといったり、これまでの外注の実績を盾に取ったりして、無理やりに頼み込んで、引き受けてもらった。実際、仕事の内容に慣れていて、きちんとした仕事のできるところであるから、ほかの外注先を探して頼むという選択肢は、最初から考えられなかった。

外注を受ける側としても、重要な取引先の一つであるから、頼まれれば何とか遣《や》り繰りして引き受けなくてはならない立場にある。

しかし、話の前後から察するに、相手側の怠慢のために発注が遅れたことがわかるので、釈然とした気持ちにはなれない。

それでも、自分が忘れていたので依頼するのが遅くなった点をはっきりといって、頭を下げてくれればまだよいのだが、ただ短期間内に仕上げてくれの一点張りである。

そうなると、ちょっとした抵抗感も感じる。

●「姑息な言動」は必ず見られている

自分がうっかり忘れていたりして仕事の流れを止める結果になったときは、その事実を隠して人の目をごまかそうとしても無駄だ。周囲の人はもちろん、常に接している人は皆、知っている。そのようなミスをカバーするために、どのような言動をするかと、皆が待ち構えて見ている。

そこで姑息《こそく》な手段を使ったりすれば、評判を落としてしまう。自分のミスをはっきりと認めて、皆に迷惑をかける点について謝らなくてはならない。

皆が何もいわないことをいいことに、上手に隠しおおせたと思ったら大間違いである。皆は卑怯な奴だというレッテルを張って、敬遠しようとしているだけである。

今後一緒に仕事をするときは気をつけなくてはならないと考え、警戒心を募らせているのだ。

そして、なるべく関わり合いになりたくないと考えている。

さて、件の外注の話であるが、外注先はいわれた期限の三日以内にきちんと仕上げて持ってきた。それに対して、挨拶もそこそこに彼が開口一番いったのが、「やればできるじゃないか」という言葉であった。

相手は唖然《あぜん》とした。「無理をいってすまなかった」とか「大変だったでしょう」とか「これで助かった」とかの言葉と共に感謝されるのを期待していた。

徹夜に近い残業をして総力を結集し、一所懸命にやったので、短期間に完成することができたのだ。その点は相手にもわかっているはずだ。相手の怠慢が原因で緊急性が生じたのを、いくらビジネスとはいえ、危機を救ったのである。それなりのねぎらいの言葉があって然《しか》るべきである。

外注を受けて無理をして仕上げた側は、もう二度と彼の仕事はしないと決心した。その後、何度か依頼を受けたが、忙しいとか人手が足りなくなったとか、いろいろな理由をいって、すべて断った。

●「大変だっただろう」——たった一言でいい

たとえ普通のビジネス関係の下であっても、**ちょっと無理をさせたときは、特別なねぎらいの言葉をいう必要がある。「大変だっただろう」の一言でよいのだ。**

並々ならぬ努力をしたことを思いやった言葉であれば、それだけでも相手の労に報いるに十分な力を発揮する。しかし、その言葉がないときは、それに対して割増しの金銭的報酬が支払われたとしても、相手には空虚な気持ちしか残らない。

全力を尽くしてエネルギーを使い果たして空《から》になったところを埋めるのは、温かいねぎらいの一言である。そうした言葉は、相手の身体全体を温かく包み、じわじわと心にしみ込んでいく。相手のした労苦を思い、その辛《つら》かった思いを自分自身も感じとろうとすれば、温かい言葉が自然に出てくるはずだ。

部下や外注先の仕事は義務だから当然であると考えていると、ついこの点を忘れそうになる。特別に努力をした結果を見たときは、ねぎらいの言葉をかけることだ。

10

こんな「捨て台詞」は自殺行為

もうかなり昔の話になるが、ときどき一緒に飲んだりしていた仲のよい友人が早世した。外資系の会社に勤めていて、若いながらも蓄財に励んでいたので、住宅や、ある程度の財産は残していたようだ。

しかし当然のことながら、まだ学生の子供がいた奥さんは働かなくてはならなかった。そこで、保険の外交を始めたのである。

私も結婚して子供も生まれたころであったので、夫婦ともに大型生命保険に入ったり、そのほかにも損害保険の契約などもした。生命保険については、もう少し金額の嵩《かさ》上げをすると代理店の資格が取れるといわれ、その懇請を受けて身分不相応な保険金額にもした。

もちろん、私としても夫および親としての義務を果たすために必要なことであったので、お互いの利害関係が一致したことを喜んでいた。

保険は万一のときを考えて保険料を払っていくので、事故が起こらなければ、よかったとは思うものの、同時に損をしたような気になることも否《いな》めない。特に長年にわたって払い込んできた保険料の総額が、郊外に住宅が買えるくらいの金額になったのを考えると、もう少し少額でもよかったのではないかとも考える。

しかし、その間、保障があるという安心感を味わってきたことを考えれば、安いものだと思う気にもなる。

●「言葉の凶器」は急所を一突きする

そうはいっても、あるとき、その大型生命保険の一部を解約することにした。そのころの保険業界に対する不安感が発端である。それに子供が独り立ち寸前の年齢になったことや、保険料がもったいないという感覚が強くなったことなども理由だ。解約するに際しては、医療保険ぐらいは必要かもしれないと考えて検討することにした。資料をもらってチェックしてみたが、保障の内容と保険料が、私の感覚ではフェアになっていないような気がした。そこで、その奥さんにも予《あらかじ》め、今回の加入は期待しないようにと、釘《くぎ》を刺しておいた。

ところが、大型生命保険の一つを解約する書類を渡した日のことである。その奥さんの帰り際に、やはり新しい医療保険には入らない旨をいった。そのときに彼女がいった言葉は、いまだに信じられない。「それじゃ、うちはクビだ」と語気を強めていったのである。

一定の保険金額を達成しないと、その医療保険を扱っている保険会社の代理店契約を破棄されるという状態になっていたのであろう。

しかし、自分勝手に期待しておいて、私が義務の履行をしなかったり彼女の権利を踏みにじったりしたような言い方をされるのは心外だ。まさに八つ当たりというに等しい。

そのとき、長年にわたって多少なりとも彼女のことを考えてきた私の気持ちが、一瞬にして崩れていったのを感じた。

立ち去るときにいったので、捨て台詞《ぜりふ》となった。私にとっては彼女の口から発せられるとは夢にも思わない言葉が、心の奥深くに突きささった。映画やテレビのドラマで胸に短剣が突きささっている場面を見ることがあるが、それとまったく同じ状態である。

剣なら急所を外すこともあり、抜いて治療をして治すことができる場合もある。しかし、言葉が凶器となったときは、間違いなく急所を一突きする。致命傷となるのだ。

たったの一言が、友人とのニューヨークにおける出会い、それから何年にもわたる深いつきあい、その中で交わした印象的な会話の数々に対して、大きな汚点を残す結果になった。

私としては、フェアだとは思わなかったにしても、大した保険料ではなかったので、つきあいと思って医療保険に入っておけば、このようなことにはならなかったかもしれないとも思う。ちょっとしたケチをしたために、よい思い出に傷をつけてしまったと悔やむ気持ちもあった。

しかし、捨て台詞はよくない。相手は自分のいいたいことだけいい放ち、私に対しては返答を求めない。一方的なメッセージである。

最後にいわれた言葉であるから、そのまま「静止画像」のようなかたちで記憶に残る。激しい言葉だけが耳に残り、そのまま温存されていく。それから会うこともなかったり、会ったとしてもずっと先のことになったりするので、その間はその静止画像のような言葉が訂正されたり異なった解釈をされたりする機会はない。

捨て台詞は、人間関係を一瞬のうちに断ち切ってしまう。取り返しのつかない自殺行為に等しい。

したがって、捨て台詞をいいたいと思ったときは、この次に会ったときに、もっと自分の得になるような言い方をしてやろう、と考えるのだ。自殺をするのに急ぐ必要はない。いつでも自分の勝手にできるのであるから。

11 「まだ…」と「もう…」は使い方次第

私が執筆活動を、副業的にではあるが、本格的にし始めてからもう三十年くらいになる。本業の一つとなった最近では、机の上に原稿用紙を置き、手にシャープペンシルを持てば、ある程度のページ数の「生産」をするのが可能になった。

しかし、当初はすぐに書き始めるのが難しく、書き始めようとしてから何日か経ってやっと二、三ページを書き終え、そこから波に乗っていくという状態であった。どこから書き出したらよいかと思い悩む間に時間が過ぎていく。まさに「下手の考え休むに似たり」で、まったく前進しない。

そのうえに、人が感心するような文章を書きたいという意識があるので、頭の中で試行錯誤するだけで時間をとってしまう。とにかくテーマに関係することであれば何でもよいから書き始めてみなくては、一歩も前に進まないことを悟り、人の心に訴えられるような文章を書く才能などは自分にないと諦めた。

そのように考えることができるようになれば、書く手もスムーズに動いてくる。しかし、本を書くというのは、短距離競走ではなく、マラソンと同じような長丁場の作業だ。締め切りに間に合うようにと、倦《う》まず弛《たゆ》まず努力を積み重ねていくほかない。途中でほかの仕事が入ったり会合やパーティーなどが続いたりすれば、なかなか予定通りには作業がはかどっていかない。

●「焦り」や「不安」が消えていく考え方

ちょっとした焦燥感に駆られることもある。締め切りが二週間後に迫っているにもかかわらず、まださらに半分以上書かなくてはならない。そう思うと、いたずらに気が急《せ》くばかりで作業効率は悪くなる。

そのようなときは、見方を変えてみる。もう半分近くは書いてしまったと考えるのである。それまでに書いた原稿用紙を重ねてみると、その厚みに努力した跡が歴然と表われている。そこで少し安堵《あんど》する。

ゴールへの距離を想像して気圧《けお》されたり怯《ひる》んだりするのではなく、スタートラインからここまで走ってきた努力の結果を見て、自信をつけるのである。

ゴールを目指すのはよいが、ゴールばかり見ていたのでは、一歩一歩の地道な努力をする意欲を喪失させることがある。そんなときは、後ろを振り向いて見るのだ。

未来にはばたくことばかり考えていると、足が地につかず、バタバタと無為に騒ぐことにもなる。そこで、ときには自分の過去を振り返ってみる。自分なりの「偉業」を確認すれば、励みとなり、自信も湧いてくる。

前を見るのは「まだ」と考えることであり、後ろを見るのは「もう」と考えることである。自分の置かれている現状は変わらない。

「まだ」と考えるか「もう」と考えるかによって、自分の心理状態や心構えが決まってくる。この点を銘記しておいて、人と話をするのである。

たとえば、子供がまだ中学生だからといって、養育について将来を心配している人がいたら、もう中学生にまでなっているのだからといって、これまでの努力をねぎらい、実績を賞讃してあげる。十日間の休暇が、もう七日間も過ぎてしまったといって嘆いている人がいたら、まだあと三日もあるので十分に楽しめるではないかといって、前向きに考え、中身の濃い休暇の最後を飾ることをすすめる。

自分の「都合のよい方向」へ考えていく賢明さ

そのように自分の都合のよい方向に「まだ」と「もう」を使い分けるのは、単なる気休めでしかないという人もいるだろう。しかし、「まだ」と「もう」のどちらの見方も真実である。

したがって、時と場所と場合によって、自分の都合のよい方向へ考えていくほうが賢明な生き方であろう。単にうわついた考え方をして楽天的にしていれば、極楽とんぼといわれても仕方がない。**反対の見方もあるということをわきまえたうえで、自分にとって都合のよい見方、すなわちポジティブな考え方をする**のである。

目の前にいる人がネガティブなものの見方をしているときは、逆の方向から見たポジティブな見方があることを指摘してあげるのだ。実際には、ほかに深い事情があって一つの考え方しかできないこともある。しかし、そのようなときでも、少なくとも少し気持ちを和ませる効果ぐらいはある。人生の矛盾を指摘することによって、人生について考える端緒ぐらいにはなる。

相手が「まだ」といったら「もう」、「もう」といったら「まだ」の観点からの言い方をしてみる。ある程度は救いのある考え方が出てくるはずだ。あまり深刻な話でないときは、ユーモアの入った会話にもなってくる。

2章

とっさの「一言」

——その瞬間で印象が決まる

12

「考え方の違い」を上手に伝えるには

最近のペットブームに対しては、かなりの抵抗を感じている。ペットの好きな人が飼うのは自由であるが、人に対する迷惑の度合いが顕著になりすぎた感がある。

都心の道路を我が物顔に散歩している犬も困るが、やはり許せないのは糞尿《ふんにょう》の「垂れ流し」である。

「大」については、片づけたとしても、ほとんどの場合、舗道のその部分を洗い流すまではしないので、汚いことには変わりない。「小」については、そのまま放置されるのが大多数だ。時間が経過すれば見た目にはわからなくなるが、これも不衛生なことである。

ファッショナブルな町の真ん中における排泄《はいせつ》行為は、美観に対する冒瀆《ぼうとく》行為でしかない。きれいに保とうとしている環境の中に汚いものを持ち込むのは、正統派の美を語る資格のない人たちであると思ってもよいだろう。

ペットを家族の一員と、ほとんど同じように考えて、かわいがっている人もいる。それも本人の自由であるからよいが、人間よりもペットを大事にする傾向がある場合は、余所事《よそごと》ながら気になる。

また、家に招待されたのはよいが、ソファに座ってお酒やお茶を飲んでいるときに、犬に寄ってこられるのも迷惑だ。ペットの毛に対してアレルギーのある人もいるので、飼い主は注意をすべきだ。

さらに、「かわいいでしょう」と同意を求められても、ペットに興味がなく、美醜の区別がつかない人の場合は返事に窮する。これが「かわいがっています」といわれたのであれば、まだ社交的に相槌《あいづち》を打つ余地もある。

また、年賀状などに差し出し人の一員として犬の名前まで印刷されているのを見るが、親しい間柄であったら笑い話ですんでも、一般的には失礼になるといわざるをえない。自分の犬と相手の人間を同列に扱っている結果になっているからだ。

●相手の意見に「相槌を打つだけ」で留めるとき

ほかにもさまざまな理由があって、私のペットに対する偏見はかなり強い。いずれにしても、人間優先主義が少し揺らいで、ペットによって人間の権利や尊厳が侵害される結果になる点に反感を覚えるのである。

ある食事の場で、アメリカ人夫妻と同席した。四方山《よもやま》話をしているうちに、自分たちは日本が好きになったが、本国から連れてきた犬も日本を気に入っているという話を聞かされた。それに対しては、相槌を打つのに留めておいた。すると、あなたもペットを飼っているかという質問である。

それに対する私の答えは、妻は一人だけだが、それに息子が一人いて、その面倒を見るだけで手一杯だ、というものであった。「妻は一人だけ」といって強調したのは、フェミニズムの観点から許されないかもしれない。

時代錯誤的とはいっても、現代の小説や現実の世界の中では、女性を複数養っている男もいるので、軽い席では冗談として通用すると思っていったのであるが。

「面倒を見る」というのは、家族の場合は手抜きは一切できないので、全力投球を要する。現在の社会の変化のスピードは速い。単に経済の動きが速いだけでなく、人間社会の価値観までもが大きく揺れ動いている。そのころまだ学生であった息子に対しては、親はいつでも援助ができる態勢を整えていなくてはならない。悠長にペットを飼うひまも余裕もないことを表現したかったのである。

●あくまで「婉曲なかたち」で、失礼にならないように

とはいえ、初対面の人に対し、相手のライフスタイルに真っ向から反対するようなことをいうのは本来、失礼である。いくら自分自身としては譲ることのできない主義主張であっても、討論会ではないので、表立って議論すべきではない。社交の

場では、あくまでも社交的に振る舞うのを原則にしなくてはならない。

そこで、私としては、**皮肉の要素もあるがユーモアもこめた婉曲《えんきょく》なかたちで、自分の見解を述べたつもり**であった。

相手がペットを人間と同列に扱おうとする姿勢に対して、同じ面倒を見るのであれば、人間のほうにエネルギーを集中すべきであることを示唆した。「面倒を見る」対象として、相手はペットを選び、私は家族という人間を選んでいる、というメッセージを伝えようと思ったのだ。

楽しい食事の席で、酒も入って和やかな雰囲気の中であったので、私の真意は伝わらなかったようである。というのも、相手の夫婦はすぐに自分たちの、本国に置いてきた子供たちのことを話し始めたからだ。

ただ私としては、自分の主義主張を婉曲にではあれ盛り込んだ話をしたので、自分に対して自己満足という効果は享受できた。

13

「お若く見えますね」は、ほめ言葉ではない

ある女性の九十歳の誕生パーティーの席でのことである。イブニングドレスをまとった彼女の姿は、遠目にはあでやかでさえあった。頭脳は身体以上に働きがよいらしく、出席者がそれぞれ述べる祝いの言葉に対して、才気《さいき》煥発《かんぱつ》といってよい応答がなされていた。

客の一人がいった。「とても九十歳には見えませんね」と。それに対して彼女は、「では、いくつに見えますか」と、まさに応酬である。客は黙って照れ隠しに笑っていた。親しい間柄で口の悪い人であったら、「八十九歳ぐらいには見えるかな」ぐらいはいったかもしれない場面である。

一般的には、若く見えるといわれたら喜ぶのが普通だ。しかし、年寄りに対して、軽いお世辞のつもりでいったのでは、彼女の場合のようにジャブを入れられることがある。若く見えるというのは、同じ年齢のほかの人よりは若く見えるという意味だ。したがって、単に平均より若く見えるというだけである。自分が知っている同年配の人がよぼよぼであれば、その人を基準にしていっているのかもしれない。

いずれにしても、「お若く見えますね」といおうが「お若いですね」といおうが、年齢の割には若く見えるといっているだけだ。

いわれた本人が化粧や服装などについて若くみえるように装っている、すなわち若づくりをしていることもある。ライフスタイルを若向きにしている場合もある。人によっては、その点について皮肉をいわれたと解釈するかもしれない。

●「相手が気にしていること」には触れないのがマナー

また、若く見えるといえば、相手が気をよくするかもしれないが、同時に年齢を意識させる結果になる。年をとった人は、心の底では若くなろうとは思っていない。それは不可能であることを知っているからである。

また、特定の職業の人たちを除いては、それほど若く見せようとも思っていない場合が多い。無理をしたらバランスが崩れることを知っているからだ。年をとっていることを「忘れたい」というのが本心である。

相手が気にしていることに触れるのは、人の道に反する。憲法は、すべての国民が法の下《もと》に平等であることを規定して、差別を禁じている。高齢者として特別扱いをすれば、それは差別であるとする解釈も成り立つかもしれないのが、最近の風潮である。

年齢については話題にしないのが無難であることには間違いない。あまり親しくない間柄であれば、**若いとか何とかいわないで、「お元気ですね」というくらいに留めておいたほうがよい**。

年寄りをおだてて、「年寄りの冷水」という結果になれば、後から恨まれるかもしれない。心身共に健康であることを、そのまま事実として喜ぶことに徹するべきである。しかしながら、年をとっていくことに関しては、自分自身で自覚したり、親しい者が自覚を促したりすることも、ときどき必要になってくる。

●なぜ「切りのよい年齢」でお祝いをするのか

そのような節目には、昔からの長寿祝いの習慣を利用すればよい。まず六十歳の「還暦」だ。生まれ年の干支《えと》に戻ってくるので、切りがよい。しかし、昔は隠居してのんびりするころであるが、昨今はまだ走り回らなくてはならない人がほとんどだ。

七十歳は、その年まで生きるのは古来稀《こらいまれ》であったので「古稀《こき》」といわれるようになったが、最近は珍しいことではない。

七十七歳は「喜」の草書体「㐂」が七十七に見えるので「喜寿《きじゅ》」、八十歳は「傘」の略字「仐」が八十に分解できるので「傘寿《さんじゅ》」といわれる。この年ぐらいまでは、元気に歩き回っている人たちも少なくない。

八十八歳は「米」の字を分解すると八十八になるので「米寿《べいじゅ》」、九十歳は「卒」の略字「卆」が九十に分解できるので「卒寿《そつじゅ》」、九十九歳は「百」の字から「一」を取ると「白」になるので「白寿《はくじゅ》」といわれている。

このような長寿祝いの年を、身体のみならずライフスタイルからものの考え方に至るまでチェックして見直すときと、とらえてみる。本人だけではなく周囲の人も、十分に意識しておく必要がある。

年をとるに従って、体力も知力も落ちてくる。その事実を無視して、年甲斐《としがい》もないことを無理してするのはよくない。年齢相応に振る舞うのが原則だ。

周囲の人としては、**年をとったとか若く見えるとか、年齢を意識させることはいわないほうがよい。それが自然に生きていくことを妨害しない方法**である、と心得るべきであろう。

14

「聞いて面白い話」の条件とは

欧米流のスピーチでは、最初に聴衆の笑いを誘うようなことをいうのがよい、とされている。まず皆の関心を惹《ひ》くことによって、自分のほうへ注目させるためである。

確かに、最初に聴衆とのコミュニケーションの回線をつくり上げてから話をしていくほうが効果的である。やみくもに自分のいいたいことをぶつけていくのは、自分勝手なアプローチになるので、人々の心を開かせるのは難しい。

相手の心を開かせる作業をした後で自分のメッセージを流せば、理解してもらうのも容易になる。それに、話を聞けば何か楽しいことがあると思わせることができれば、申し分ない。そのためには冒頭で何か面白いことをいうのである。それは、必ずしも言葉である必要はない。皆の注目を惹き、それが人に笑いをもたらすものであればよい。

●「欠点」を押し出して親しみやすさを演出する

私の叔父に、紳士服のデザイナーがいた。田舎の洋服屋で修業をした後、上京し、会社に勤めながらも、常に研究や勉強を怠《おこた》らなかった。私の学生時代には、生地を買ってきて裁断から縫い上げるまで自分独りでして、私のスーツをつくってくれたこともある。まだ友人たちは全員が詰め襟の学生服を着ていた時代であるので、私は得意満面でスーツを着て、大学に通ったり盛り場に飲みに行ったりしていた。

その叔父は業界で人に知られるようになって、かなり頻繁《ひんぱん》にあちこちへ講演に行っていた。背は低く、二十代のころからすでに頭が禿《は》げる傾向にあったので、そのころは立派な禿頭になっていた。そこで、自分からチビでハゲを売り物にして、自分を特徴づけていた。

特に昔の演台は高かった。そこで叔父はステージに上がると、まず演台から首を出すような風情で、会場を隅から隅まで見回すのだという。それだけで皆がどっと笑うので、話がしやすくなった、といっていた。一般的には欠点となる特徴を自ら押し出してみせることによって、親しみやすさを演出する結果になったのだ。

聴衆が高度に専門的な内容の話を期待して聞きにきている場合でも、始めから終わりまで堅い話では息がつまってしまう。そこにときどき面白い話が入ってくると、その瞬間、緊張が緩《ゆる》み、タイミングのよい束《つか》の間の休憩となるのである。

●「ためになる話」に「ほっとする話」をブレンドする

「ためになる」話を聞くときでも、話のすべてがためになるわけではない。一つでも真実を見極めた事実の指摘があったり、参考になる考え方の提示がなされたりすれば、それで話を聞いた成果としては十分である。

したがって、**この人は何か面白いことをいうのではないかと、常に期待させながら話を進めていくのが、人を「感服」させるコツの一つ**でもある。

ためになると自分勝手に考えたことを、これでもかこれでもかとばかりに話すのは、逆に人を辟易させる結果になる。ときどきは平凡なことやつまらないことであっても、人が笑ったりほっとしたりするようなことをいって楽しませるのだ。

もちろん、それは全体の話の流れに乗ったり関連したりしていることでなくてはならない。突如として取ってつけたようなことをいったのでは、笑うよりもびっくりするほうが先に立ってしまう。全体の話の流れが、一時的に淵《ふち》のように淀《よど》んだり、滝になって流れ落ちたりするように、ペースを変えるのがよい。

人から聞いたり本で読んだりしたジョークをそのまま使うのは、ルール違反であるうえに芸がない。いくら面白い話でも、二度目に聞くときは白けてしまう。それにユーモアは、話す人の創意から瞬間的に生まれるものであるから、その人の人柄と無関係ではない。

たとえその話をほかの人が「盗用」したとしても、本来の製造者の気質や性格という背景がないので、浮き上がった話にしかならない。

お茶は二番煎《せん》じであっても、何とか飲める。新鮮味はなくなるがマイルドになるので、そのほうがよいという人もいる。

しかし、話の二番煎じ、しかも人から盗んだものはよくない。

中でも、ユーモアのある話ができない人が、無理をして何か気のきいたことをいおうとするのが、いちばんよくない。人柄とマッチしていないので不自然さばかりが目につく。

不器用な人は、それだけに生真面目さが身上だ。賞味期限の切れた話を取ってつけたりして、自分の人柄を汚したりしないほうがよい。

15

当たり前の言葉を「気のきいた一言」に変えるコツ

企業の現地駐在員としてアメリカに行く前は、パーティーといえば学生時代のダンスパーティーぐらいしか知らなかった。日本では、まだパーティーなど一般的ではないころだ。ある大学の教授が若い人たちの交流を目的としてパーティーを主催していて、その教授の名前を冠したパーティーが話題になったくらいである。

ホームパーティーなどという言葉も、まだなかった。人が集まる場といえば、友人同士の集まりとか、社会人になってからの宴会とか、すべて、すでに知り合っている人たちが集まるものであった。

ところが、ニューヨークに行ったら、さまざまのパーティーに参加する機会が生じた。まず、同じ会社に顧問格で勤めていた日系のアメリカ人の家に招かれた。そこで、パーティーに参加するときの心得や約束事などについて、いろいろと教わった。最初は酒を飲みながらの会話の時間が長かったという印象がある。まさに四方山話が「延々と」続き、その間は酒とつまみだけだ。飢餓状態に近くなって、やっとの思いでテーブルにつくことを許され、食事にありついた。

これは、まずいアメリカ料理をおいしく食べさせるために、長い時間にわたって酒を飲ませ、会話をさせ、いやがうえにも空腹の度合いを高めるという「謀略」に違いないと思ったことを、今でもよく覚えている。

仕事のことやアメリカの文化について、いろいろと親切に教えてくれた彼には悪いと思ったが、そのときは、そう考えざるをえなかった。

●会話上手になるにも「習うより慣れろ」

いずれにしても、よく知っている人の家におけるパーティーに招かれていくときは、会話の糸口を見つけるのも比較的容易であった。話が途切れてしまったり、独り淋しく「壁の花」的な状況になりかけたりしても、ホストが気を使って、話し相手を探したり話題を提供したりしてくれるからだ。

しかし、大勢の人が集まるパーティーで、特に知らない人ばかりのときは、まったく話ができなかった。勇を鼓《こ》して話し掛けても、すぐに話が続かなくなる。自分が面白いと思った話題にそっぽを向かれたりすると、徐々に引っ込み思案のムードになってしまう。

もちろん、英語が自由自在に操れないというのも大きな理由である。特に大勢の人が勝手気ままにしゃべっている喧噪《けんそう》の中にあっては、相手の話を聞きとるだけでも至難の業《わざ》である。自分がいおうとすることも、拙《つたな》い英語力では、相手に十分に伝わらない。

パーティーには出席したいが、会話が苦手なので気が進まないというジレンマに悩んだ。しかしながら、「習うより慣れよ」である。回数を重ねるうちに慣れてきた。それに、自分が上手にしゃべれるはずがないのに上手にしゃべろうとするので、話が出てこないことにも気がついた。

●「言葉のスパイス」を適度にきかせるだけで……

大抵の会話は、たわいのないことをしゃべっている。立派なことを上手に話そうとするから話せないのである。普通のパーティーでは、下らないことであれ何であれ、ほとんど口から出まかせに話してもよいのだ。ただ、**内容はつまらない話でも、ちょっとしたスパイスをきかせると、ぐっと面白くなる**。

特に英語の場合、話の上手な人は形容詞や副詞を効果的に使っている。たとえば、「この女の人は」というときに、「このチャーミングな女の人は」という言い方をするのである。そのようにいわれた人の気分は悪くない。

もっとも、「この女の人はチャーミングだ」といわれれば本人としてはうれしいが、人によっては取ってつけたようなお世辞と感じる人もいる。しかし、名詞の前につけていわれると、さりげないので抵抗感がなくなり、スマートな表現になる。

横で聞いている人は、その人がチャーミングではないと思っても、単なる修飾語だと考えて、ある程度は聞き流すことができる。このように、一つの形容詞を名詞の前につけることによって、その場の雰囲気が柔らかいものになる。会話の流れをスムーズにする潤滑油の働きをしているのだ。

「おいしい」というときも、「とても」などの副詞を使って強調する。また、そのような陳腐な言葉ではなくて、「猛烈に」とか「強烈に」とかいってみると、人に与える印象も強いものになる。

人の注目を惹くためには、スパイスを上手に入れたり、わさびを適度にきかせたりする工夫が必要だ。そのようにすれば、平凡な話も非凡な話になってくる。

16

「嫌なこと」を人にいうとき、いわれるとき

世の中の物事はすべて、深く考えるほどに、さまざまに異なった見方があることがわかってくる。漫然と考えているときは、無意識のうちに世の中の常識に従っているので、ほかの人と同じような考え方になっている。

しかし、本質を見極めようとして考えていくと、一つの結論に到達した場合にも、必ずその逆を仮定して考えていかざるをえない。すると、その逆の結論にも一面の真理があるので、捨て去るわけにはいかなくなる。

つまり、人生における真理は、常に一面の真理でしかないのである。真正面から見た当たり前の見方だけでは、その裏側にある、もう一面の真理は見えてこない。

それでは人生を真剣に見据えていないことになる。人生の至るところで逆説的に考えていく必要がある所以《ゆえん》である。

●「逆説の発想」で世渡り上手に

一般的に道理といわれていることだけに従って振る舞っていると、時と所と場合によっては、不適切な行為となることがある。

その点について警鐘を鳴らしているのが、逆説的な諺《ことわざ》である。「急がば回れ」とか「負けるが勝ち」とかの類《たぐ》いだ。世渡りの上手な人は、この種の諺を常に座右の銘として身を律しているようである。

普段の会話においても、逆説的な発想は必要であるし、その場を「有意義な」ものにするために効果的だ。もちろん、会話がスムーズに流れるのはよいことだが、世の中の道理に従った話ばかりであったら、マンネリ化したものになる。流れがうねりになるような刺激を与えるためには、逆説的な考え方を注入してみる。

ある人に、新しく採用した秘書を紹介された。その人は活発に活動してはいるが、かなりの高齢である。その秘書には薬を飲むことについても、すでにやかましくいわれている、などといっていた。それに対して、その秘書も冗談まじりに、そのうちに煙たがられるようになるでしょう、といった。

そこで私は、「煙たがられるようになれば一人前ですよ」といったら、そのボスにいいことをいってくれたと感謝された。

●「煙たい言葉」には一理がある

一般的には、煙たがられるというのは、うるさいことをいうので敬遠され、嫌がられることである。したがって、望ましい状態ではない。しかし、ひるがえって面倒を見るという観点から考えれば、本人が健康を維持しながら職責を全うできるようにするためには、嫌がられることも進んでいうという姿勢だ。

酒飲みの例で考えてみればわかりやすい。ちょっとでも飲み過ぎの傾向があると、家族は介入してくる。飲ませないようにしたり飲むなといったりして、さまざまな角度から阻止しようとする。本人の目から見れば、家族が楽しみを奪っている結果になっている。

一方で酒場に行けば、ママやホステスは好きなだけ飲ませてくれる。酒に強いなどといっておだてる。あまり多く飲ませないようにするときは、酔っ払うと正体がなくなったり酒癖が悪かったりして、自分たちに迷惑がかかるときだけだ。酒場の人たちは、客がその場で楽しんでくれればよいと考えてサービスに努めていると同時に、心密かにであれ、売り上げを上げることも考えている。

一方、家族は、その場の楽しみと、将来へ向かっての健康とを天秤《てんびん》にかけながら考える。ちょっとの間でも相手に嫌な顔をされるのは、誰でも嫌である。しかし、「最終的に」本人にとってよいことのほうを選ぶのだ。

自分のことを思ってくれているわけではなくても、常に自分にとって嫌なことをいう人がいる。単に虫が好かないからである場合もあるが、そのいうところに耳を傾けてみると、一理あることが多い。

そこで、相手は自分の欠点や弱点を突いてくるのであるから、それを自分の言動のバロメーターの一つとして利用するのだ。煙たいからといってやみくもに敬遠するのは得策でない。少なくとも、たとえば自分のわがままなところを指摘してくれる結果にはなる。

逆説の話に戻るが、**逆説は常識とは異なっているので、聞く人は抵抗感を感じる。そこで、「深く考える」きっかけになる**のだ。異なった考え方にも納得できるところがあるので、自分の世界が広くなったように感じる。

もちろん、常に逆説的なことばかりいっていたのでは、単にへそ曲がりとか皮肉屋とかいわれるだけである。深みがあり、「ためになる」話でなくてはならない。

3章

知らずにいってしまう「一言」

——口癖で得する人、損する人

17

「ごくろうさま」――この言葉は適切か

ある人が新聞に、こんなコラムを書いていた。

ゴルフを見に行ったときの話だ。ある選手が次のホールへと移動するときに、ギャラリーの誘導をしていたおばちゃんに対して、そっと「ごくろうさま」と一声かけたというのだ。

その何気ない一言を聞いて、非常にすがすがしい気分になったという。そして、競技を支えている人に対する感謝の気持ちを表現したことと、競技中という緊張した中にあっても沈着さと心のゆとりを持っていることをほめていた。

そのうえで、すべてのスポーツには礼儀正しい振る舞いと謙虚な心が必要なことを説いている。

しかし、実際は、そのコラムを書いた人も話題にしているスポーツ選手も共に、礼を失しているし、謙虚な心構えもないことが露呈されている。まず、ギャラリーの誘導をしている女性を「おばちゃん」という言葉で極めつけたことだ。

知らない大人の女性を呼ぶときに、おばさんとかおばちゃんとかいうのは、子供が呼ぶ場合だけである。大人がいったのでは、相手を見下すニュアンスがつきまとう。ましてや文章に書くときは、下働きをしている人という感じを与えやすい。

その女性はボランティアで奉仕している人かもしれない。たとえ、日給をもらって一時的に働いている人であっても、競技を支えてくれている大切な人である。「おばちゃん」ではなく、「女の人」とか「女性」と書くべきであろう。

●気づかずに忍ばせている尊大な気持ち

因《ちなみ》に、私が「おばちゃん」と呼ぶ人は、父母の姉妹の数人と、友人の母で昔、ニユーヨークにいるときに特別に世話になった人だけである。このうえない敬愛の気持ちをこめて、そう呼んでいる。

テレビなどでよくレポーターたちが、おじいちゃん、おばあちゃん、おとうさん、おかあさんなどという呼称を乱発しているが、実に聞き苦しい。テロップには名前が出ているので、レポーターも名前を聞いているはずだ。きちんと覚えておいて、名前で呼び掛けるべきである。それが尊厳を持った同じ人間としてつきあうときの大原則だ。

私はまだ「おじいちゃん」と呼ばれたことはないが、「おとうさん」と呼ばれたことはある。比較的きちんとしたパーティー会場であったので、誰のことかと思って、一瞬びっくりした。

私のことらしいとわかったので、そういった相手の女性に対して冗談まじりの口調で、「私には息子が一人いるだけだし、彼はまだ結婚していないので、私をおとうさんと呼ぶ女の人はいないはずだが」といっておいた。

話をコラムに戻すと、次に失礼なのは、ゴルフ選手の「ごくろうさま」という言葉である。確かに、その選手は女性の骨折りに対して感謝の気持ちを表明している。しかし、「ごくろうさま」という言葉は、目上の人が目下の人の労をねぎらうときに使う言葉である。いわば主人が使用人に対して使う表現だ。したがって、これも競技の手伝いをしている人を見下すニュアンスがあることは否定できない。

表向きは丁寧な姿勢だが、その心には尊大な気持ちが潜《ひそ》んでいる。まさに慇懃無礼の典型的な一例であるといってよい。

●つい「相手を下に見てしまう」傾向

このように、**人のことを思いやろうと努力しても、心から相手の立場に立って考えないと、知らず知らずのうちに尊大になっていることがある**ので慎重にしなくてはならない。そうでないと、思いやるという気持ちの中に、自分勝手に考える要素が入ってくる。無意識のうちに「してやる」という意識がもぐり込んでくるので、つい相手を下に見るという傾向になる。
労をねぎらう相手は、よく知っている目下の人の場合だけである。目上であることが明らかな人や、知らない人に対しては、感謝の念を「捧げる」心構えが必要である。どんな人に相対するときも、身なりやしていることを見て、勝手に目上か目下かを判断してはいけない。知らない人はすべて目上の人であると思って応対していれば間違いない。

件の誘導をしていた女性は、もしかしたらゴルフ場の理事長の奥さんであったかもしれない。それがわかっていたら、選手の感謝の言葉は、「どうもありがとうございます」という丁重な言い方になっていたはずだ。その記事を書いた人も、それが後からわかったとしたら、「おばちゃん」と書いた新聞の記事が、その女の人の目に触れないことを祈るに違いない。

ちょっとした言葉遣いの端々に、心の中にある本当の気持ちが如実に表われてくる。つい不用意に出た言葉といっても言い訳にはならない。時すでに遅しで、氷山の一角が見えてしまったら、平謝りに謝るほかない。

18

「ちょっと」――待たせる人の一分間、待つ人の一分間

「ちょっと待って」といわれる。仕事の場であれ日常の生活の場であれ、一緒に出かけようとするときに、こういわれる。待っていると、程なく「お待たせしました」といってやってくる人は問題ない。

しかし、待っている人がイライラしてきたり急かすようになったりしたときは、その人が思っていた「ちょっと」の時間がかなりの程度、経過している。

急かす人にも、二通りの言い方がある。そのまま自分の思いを直接ぶつけて「早くして」という場合と、多少、婉曲に質問をするかたちで「まだか」と聞く場合だ。

いずれにしても待ちきれなくなった気持ちを表わしているので、待たせている側

としては、早急に何らかの意思表示をしなくてはならない。

現在していることがすぐには片づけられないときは、先に行ってもらうようにするか、さらに待ってくれるように、改めて依頼するかである。後者の場合は、単に「もうちょっと」といっても、信用してもらえる確率は低い。「ちょっと」といっておいて、その約束を守らなかったのであるから、信用してくれというほうが間違っている。

●人の時間を無頓着に奪っている人

いずれにしても、「ちょっと」が長くなる人は、時間の重要性を認識していない人だ。癖になっているので、「ちょっと」がちょっとになることは滅多にない。

時間を大切にしている人は、特に仕事の場で待たせるのが一分以内でないときは、待ってもらいたい時間を、はっきり何分間という。

「ちょっと」といわれて長く待たされることが何回かあった相手に対しては、その次からは「何分間か」と聞くほうがよい。

英語では「ちょっと待って」というとき、「一秒間だけ」とか「一分間だけ」とかいう表現をする。親しい人に、「ちょっと待って」と英語でいわれたときは、私は文字通りに解釈することにしている。一秒というのは、実際にはいった途端に過ぎてしまうので、正確に文字通りに考えることはできない。現実的には秒単位と考える。

「一分間」といわれて、一分経ってまだ待たされているときは、一分間が経過したといって相手に警告を与える。

あまりにも融通のきかない考え方であるから、そのようにしたら人間関係がギスギスしたものになるのではないか、と恐れる人がいるかもしれない。

しかしながら、特にビジネスの場では、皆が時間を計算して、時間に従って動いている。**「ちょっと」を放置しておくと、積み重なってきて、「かなり」になり、無視できなくなる。したがって、「ちょっと」を大切にする心構えが不可欠**である。

待たせる側は、何かをしているので、少なくとも主観的には有意義な時間の使い方をしている。しかも、それを早く仕遂げようと思っているので、一所懸命に集中している。それだけ時間を有効に利用している結果になっている。

しかし、待たされる側は、その間、普通、ほかに何もすることがなく、ただひたすらに待つだけだ。

●「人を待たせるときのサバ」は多めに読むこと

待つという行為は、何かが実現するのを望みながら時を過ごすことである。実現すると思っていることがこのうえなく楽しいことや歓迎すべきことであるときは、その実現を夢見ながら待つのも楽しい。

すなわち、待つという過程自体も楽しむことができる。しかし、普通は、ただ待つのは苦しみである。待つという行為が終わったときにさす「光」を見るまで耐え忍ぶのである。

待つ時間の長さがわかっているときはよいが、それがわからないときは短い時間であっても耐え難い。**待たせている人の時間の進み方は速いが、待っている人の時間の進み方は遅い。**

同じ時間の長さであっても、待たせている人の「ちょっと」は、本人にとってはちょっとという感覚であっても、待たされている人にとっては、「永劫《えいごう》」にも近く感じられる。

したがって、二、三分以上待たせるときは、はっきり何分間といったほうがよい。そのとき、七、八分待ってもらう必要があると思っても、少なめに五分くらいといいたいのが人情だ。少なくいったほうが相手が待ってくれると思うからである。しかし、それは逆効果だ。五分以上待たされたらイライラするからである。

そういうときは、少し多めに十分くらいといっておく。長いとは思っても待たなくてはならないと、いったん覚悟してしまえば、十分間は心が平静だ。そして、相手が十分経たないうちに現われれば、うれしく思うはずだ。

待たせるときのサバは多めに読むのがコツだ。

19

「そうですよ」――知っている話を聞いたときの注意点

世の中にはいろいろな情報が飛び交っている。

新聞や雑誌やテレビ、それにインターネットを通じて、知識が集まってくる。そのほか、元々の情報源はそのようなメディアであっても、日々の会話の中で得られる情報も少なくない。個人個人に情報ルートがあるので、すでに知っている情報が何回も重複して入ってくることもある。

私も最近は執筆活動が仕事の中心になってきたので、自分の自由に時間を使うことのできる機会が多くなった。そこで、テレビで定時のニュース番組をよく見る。

テレビのニュース番組は、局によって情報を収集する姿勢や角度に多少の違いはあるものの、大同小異の内容のニュースを流している。また、昼のニュースで伝えていたのとまったく同じ内容の説明と映像を、同じテレビ局の夕方のニュースで見ることも多い。

ニュースはまだ知られていない新しい出来事を知らせるものである。昔の歌に「三日前の古新聞」という文句があったが、現在のテレビの世界では、何時間か前のニュースは「古ニュース」だ。

もちろん、重要度が高く、影響力の強い情報については、繰り返し報道する必要があるし、昼のニュースを見る機会がなかった人のためには、同じニュースも流さなくてはならない。

人は「目新しい情報」に飛びつくもの

しかしながら、同じ出来事についても、時間が経過すれば、何らかの新しい情報があるはずだ。見る側としては、新しいニュースがあるのではないかと期待しているのに、何時間か前に見たのと同じ古ニュースを見せられたら、はぐらかされた感じを受ける。無駄な時間を使わされた結果になるので、不満も残る。

出来事そのものには何ら新たな進展がなくても、重要度が高ければ高いほど、別の角度からの見方や専門的な分析を加えて、「新ニュース」として見せることができるはずだ。同じ映像を流して同じ内容を伝えるのは、まったく芸がない。それでもそうせざるをえないときは、せめて、「再放送」の表示ぐらいしてくれれば、少なくとも目を皿のようにして見るような神経を使わなくてもすむ。

ニュースの価値の一つは鮮度だ。人々は目新しい情報には飛びつくが、「中古」、しかも自分がすでに知っているものに対しては興味がないので、ただ疎《うと》ましく思うだけである。

●相手の話の腰を折らない、肩透かしを食わせない

これはニュースに限らない。人が親切心から情報を提供してくれた場合でも、す

でに自分が知っていることであったときは、つい無愛想な対応をしがちだ。「ああ、そう」と気のない反応を示したり、「そうですよ」といったりする人が多い。

また、中には、初めて聞いた話であるにもかかわらず、すでに知っているようなふりをする人もいる。

相手は話し始めたばかりなのに、このような態度をとれば、相手の話の腰を折ってしまうことになる。相手としては、せっかく勢い込んで話そうと思っていたのに、肩透かしを食わされた感じを受ける。そうなると、あの人は何でも知っているという評判が立って、誰も情報を提供してくれる人がいなくなる。仲間うちの情報ネットワークからも外されてしまう。

つまり、「そうですよ」の一言が疎外へとつながっていくのである。

「そうよ」とか「そうですよ」とかいうのは、そのようなことは自分もすでに知っているというメッセージを発することになる。意外に口癖になっている人が多いので注意を要する。

たとえ知っている話であっても、相槌を打ちながら耳を傾けていれば、さらに詳しい情報や、別の観点からの考え方を知ることができる。同じテレビ番組を見て手に入れた情報であっても、話す人の解釈や主観が入ってくるからだ。情報の伝達ルートが異なれば、情報源はまったく同じであっても、「新しい」情報になるのである。だから、自分に興味がない情報であっても、相手のいうことには一応耳を傾ける姿勢が必要だ。そのうえで、意外なことで驚いたとか面白い話だとかの、何らかのコメントをつけ加えることによって、情報をきちんと受け取ったことを伝えるのである。

逆に、下らない噂《うわさ》話であったり人の悪口であったりするときは、反応もあるかないかの風情にしたり聞こえないふりをしたりする。その種の話には関わらないという姿勢を示すのだ。

いずれにしても、普通の情報の場合は軽々しく「そうですよ」というのを慎《つつし》み、「へえ」とかいって感心している気持ちを表わして、相手からさらに追加の情報を得られるよう促すのが得策だ。

20

「…でよい」「…がよい」——たった一文字の大きな違い

ちょっとした用で自分より若い相手と会ったついでに、長話になったりする。腹もすく時間になったので、その若い相手に対して、食事でもご馳走しようかというと、「いいですよ」という返事だ。

こういう言い方には、つきあってもよい、というニュアンスを感じるので、一緒に食事をするのは相手にとって迷惑なのかと考えて、思い悩む。しかし、顔色をうかがってみると、そのような風情はなく、満更でもない気配が見てとれる。

そこで、近くにあるホテルのコーヒーショップにでも行こうかというと、「そこでいいですよ」といわれる。また、考え込んでしまう。「でよい」という言い方に、仕方がないとか我慢するとかいう感じを受けるからである。

コーヒーショップは、いわば軽食堂であるから、同じホテル内のフランス料理かイタリア料理の店に連れていかないので不満なのか、などと勘繰らざるをえない。しかし、連れていくと、比較的華やかなインテリアや雰囲気を見て、「いいところですね」などと感心している。そこで、私としては一安心する。

次に、メニューを見せて、「好きなものをどうぞ」というが、どの料理にするか、なかなか決まらない。そこで、自分が注文しようと思っているコース料理を示して、「これはどうですか」というと、それに対して、またもや「それでいいです」という返事だ。

私としては、また下司《げす》の勘繰りよろしく、もう一ランク上の料理にしなかったので気に入らないのであろうかなどと考えるのだ。

しかしながら、相手は別に仏頂面をしているわけではなく、料理を楽しんでいる様子なので、一応は安堵して胸をなでおろす。食後の、ご馳走になりましたと感謝の念を表明する、その表情にも偽りはなさそうである。そこで、こうした返事の仕方について、私なりに分析をしてみた。

ご馳走してもらうことへの「有難み」を表現できる人

まず、育ち盛りを戦中、戦後に過ごした私たちにとっては、食事の価値はこのうえなく大きい。私など、学生時代、東京で家族と一緒に住んでいる友人の家に行き、昼になって友人の母がすしや天丼の出前を取ってくれた、その一つひとつの場面をかなり鮮明に覚えているくらいだ。「一宿一飯」どころか「一飯」に対して恩義を感じていたのである。

ところが、最近の若い人たちにとっては、「飢え」とか「ひもじい」という言葉は死語に等しくなっている。腹がへったら、いつでもどこでも何かしら口に入れることができる。したがって、食事をご馳走してもらうことに対して、それほどの有難みはない。

だから最近の若い人は、ちょっと食事をご馳走になったぐらいでは、すぐに忘れてしまうのだろう。もちろん、ご馳走した側についても、その点は同じであるが。食事の有難みが薄れているので、食事に対する関心も、それほどに強くはない。特別に有名な店とか高級な店であれば興味津々の人たちもいるが、全国的に見れば多数派とはいえないだろう。

いずれにしても、普通に食事をすることに対しては「熱意」がない。そこで、食事に行くこと、レストランの種類、食べる料理などについても、それほど積極的かつ自主的に取り組もうとはしないのであろう。

●「喜びの感情」を積極的に表現するのが大人のマナー

また、食事に誘われたときに、無意識に遠慮をする気持ちがあるのかもしれない。そこで、どちらでもよいような、あまり気のない対応になるのであろう。しかし、せっかくの誘いや申し出に対してイエスというのであれば、多少なりとも積極的な感情を示してほしい。

行ってもいいですよ、という返事をされたら、誘ったほうが「では、ぜひお願いします」といって、懇願しなくてはいけないような状況になる。**「ありがとうございます」とか「いいですね」とか、もっと喜びを表現するような言葉を発してほしい**と思う。

また、場所や料理について「でよい」といわれると、そんな店やそんな料理ですみません、といって謝らなくてはならない気持ちになる。そこで、「で」という助詞を「が」に変えてみる。それだけで状況は一変する。

「でよい」ではなく「がよい」というのである。そうすれば、店であれ料理であれ、いわれたものに対する積極的な願望が表現されてくる。

アイデアとして示したことに対して、全面的な賛意が表わされることになるので、それをいった側もいった甲斐があると思い、それだけで十分に報われたと感じる。

人が自分のことを思っていってくれたとき、それに対して肯定的な返事をする場合は、相手の好意に報いるためにも積極的な反応をしたほうがよい。

21

「ただ…」は、口に出して使わない

上司が部下に対するときの心得の一つとして、注意をしたり批判をしたりするときは、その前に何かほめてからにする、ということがいわれている。ちょっとした危惧《きぐ》を表明するときも同様で、否定的なことをいう前に肯定的なことをいうべきだ、というのである。

初めから終わりまで気分を暗くするようなことをいうと、部下が意気銷沈《しょうちん》し、仕事に取り組む姿勢が弱くなるかもしれないのを恐れるからだ。

「この厳しい状況の中で、よくやってくれていると思う。ただ、先期の営業成績は競争相手の他社に比べて悪く、努力が足りなかったのではないか」といったりする。

一般的なことについて肯定的なことをいい、個別のことについて否定的なことをいっている。確かに、この言い方は、後半の厳しい本音の部分が前半の好意的な発言によって和らげられている。

「ストレートな表現」のほうが効果的なとき

しかし、この程度の注意ないしはマイナス評価を伝えるときは、もっとビジネスライクにすべきではないか。すなわち、単刀直入に問題点に焦点を合わせた話をするべきだ。そうでないと、叱責《しっせき》の部分がそれだけ弱くなり、話が曖昧になって、叱責するのでもなく鼓舞するのでもない結果になってしまう。単なる「説教」にすぎないと解釈される可能性も高くなる。

この手法を惰性的に繰り返していると、部下たちの受けとめ方にも新鮮なところがなくなってくる。呼びつけられてまず、一般的なことについてほめられると、その次には否定的なことをいわれるとわかるので、身構えるようになる。「説教」に入っていくサインは、「ただ」という一言だ。

「ただ」という接続詞は、前に述べたことに対して例外をいおうとするときに使われる。部下たちは、上司が「ただ」という言葉を発した途端に、防御態勢をとり、耳をふさごうとする。そうなってくると、最初にいうほめ言葉や評価の表現も、後半のための単なる前置きになってしまう。

●「頭ごなしの指摘」は相手の心に響かない

このやり方に限らず、どのような方式でも、長く利用されるようになると、あまりにも定型化されるために陳腐なものになってしまうものだ。毎日顔をつき合わせて仕事をしたり、ときどき飲食を共にしたりしていれば、気心も知れてくる。

そのような人間関係の基礎が出来上がっている上司と部下との間では、重要なビジネスの話をするときは、もっとストレートに話したほうがよい。ほめるときはほめるだけにし、批判や注意をするときは、批判や注意をするのに徹する。そのほうが、話のポイントが明確なかたちで相手に伝わる。

ただし、批判的なことをいったり注意を促したりしようとするときに、単にストレートにいったのでは、将来の行動に関して部下を萎縮《いしゅく》させる恐れがある。

そのようなときは、**頭ごなしに悪い点を指摘するのではなく、本人自身が考えるように仕向けたほうがよい。**

すなわち、冒頭の例であれば、「努力が足りなかったのではないか」などと努力不足の指摘をしないで、「先期の営業成績について、どのように考えるか」とか「思っていた通りであったか」とかいってみる。

もちろん、批判的な口調でいったのでは、結果的に相手を責めるのと同じ結果になってしまう。**自分に対しても相手に対しても先入観を与えないような、白紙の状態から発した問い掛け**にしなくてはならない。

そうすれば、問題点を客観的に見るための冷静さを失わないで、考えていくことができる。すると、自分の努力が足りなかったことに対しても、率直に反省する余裕ができる。

人に叱《しか》られたら何とか自分を守ろうと考えるのが人情だ。まず言い訳をしようとして、その理由を一所懸命になって探す。結局は、エネルギーを後ろ向きに使っているのである。

自分自身で考えて、自分に至らないところがある点に思い至ったら、それを是正しようと努力する。それは前向きのエネルギーの使い方であって、そのほうがよいことに異論のある人はいない。

「ただ」という接続詞は、頭の中で考えるときは大いに使う必要がある。そのようにして初めて、広く深く考えていくことができるからだ。しかしながら、面と向かって話をするときは、それをいった瞬間に、少なくともある程度は相手に混乱ないしは警戒心を起こさせる。できるだけ「ただ」をいわない会話を心掛けてみれば、すっきりとした雰囲気になるはずだ。

22

呼び捨てが許されるのは「本人同士」だけ

還暦を過ぎた人たちの同窓会の席上である。

もう仕事を離れ、何もしていない人もいる。働く術がなくなって、仕方なく悠々自適の生活を装っている者もいる。新たな趣味の世界を見つけ、それに夢中になっている者もいる。公務員を退職し、天下り先でのんびりと余生ならぬ「余業」の日々を送っている人もいる。友人の事業を手伝うかたちで寄生している風情の人もいれば、相も変わらず働いている自由業の人もいる。

多くの人は、年をとり、余裕もできて、第一線で働いていたときの鋭さが、幅の広さへとかたちを変えている。経験を積んだ分だけ視野が広くなったといえるが、その反面で、「年寄り」のわがままが出てきて頑固にもなっている。

お互いに長所も短所も、また功績や失敗についても知っているので、それぞれに遠慮のない話し方をしている。名前を呼ぶときは大体において苗字の呼び捨てである。特別に親しかった者同士はファーストネームの呼び捨てだ。しかし、中には「さん」づけで呼んでいる人たちもいる。

どのような呼び方をしようと、同窓会の席上では、本人同士はもちろんのこと、周囲の人にとっても、まったく違和感はない。しかし、第三者の前で呼んだり話題にして話したりするときには、その場の状況に応じた呼び方をしなくてはならない。最も無難なのは、「さん」づけで呼ぶことである。

つまらぬ見栄を張った言葉は聞き苦しい

人と話している中で、相手が自分の親友の下で働いていたことがわかる場合がある。そのようなときに、自分が親友と同格であることを誇示しようとするあまり、親友を呼び捨てにしたりする人がいるが、聞き苦しい。相手の上司が自分と同格となれば、相手は自分より下であると極めつけたのと同じ結果になる。

つまらぬ見栄を張ったり言葉をケチしたりしないで、一言「さん」をつけて呼べばよいのだ。同級生同士は同格であるが、ほかの社会や業界の中では、それはまったく通用しない。にもかかわらず、その点を印象づけようとするのは逆効果である。自分自身の格を下げるだけだ。

もちろん、相手が自分の親友とはまったく上下関係もなければ利害関係もないというときは、親友を呼び捨てにしたとしても、目に見える支障はない。たとえ親友が有名人であったとしても、同級生であるという点を明確にしたからといって、相手と自分との関係に対しては何らの影響も与えることがないからである。

親子の間でも呼び捨てを控えたほうがよいとき

親子間の名前の呼び方についても、ほかの人たちがいるところでは、呼び捨ては控えたほうがよいことも少なくない。

小さいときは呼び捨てにしていても、賢い母親の場合、息子が自立する年頃になると、「さん」づけで呼ぶようになる。自分の所有するもの、監督下にあるものという概念を払拭《ふっしょく》するためにも、独立した人間に対するように「さん」をつけるのである。

息子としても、呼び捨てでなくなったり「ちゃん」づけでなくなったりすると、ちょっと突き離された感じを受ける。愛情が薄れてきたのではないか、と心配する小心者の息子もいるかもしれない。しかし、「さん」という一言は、さらなる自立を促すための励ましの意味を含んでいるのだ。

息子が結婚した後も、嫁の前で呼び捨てにしたのでは、息子への「所有権」がまだ自分にあることを示唆する感がある。まだ完全に「譲渡」はしていないというニュアンスがある。単に惰性的に呼び捨てにしているのかもしれないが、それでは嫁に対する心遣いに欠けている。

一般に、第三者に対して息子などの身内の者について話すときは、呼び捨てにするのが礼にかなっているとされている。しかし、「うちの何とかさんは」といわれても、それほどの違和感はない。

やはり、自立した人間については、身内といえども敬意を表する言い方をし、それを外部の人に対しても押し通すというのが、理にかなっているのではないだろうか。再考する余地のある問題である。

呼び捨ては親しい間柄の本人同士の場合だけであって、ほかの人がいたり、ほかの人と話したりするときは、「さん」をつけるのが大原則だ。

昔の奴隷は主人の所有物であったが、現在は、人はすべて「自己所有」であって、人に所有されている人はいない。

そこに人を呼ぶときの原点がある。「さん」はすべての人が平等であることを示すしるしだ。

23

「先生」が許される人、許されない人

「先生」という敬称が濫用《らんよう》されている。

習い事を教える人同士が、お互いに話し掛けるときに、相手を「先生」と呼んでいる。それなりに高名で才能のある人であればともかく、いわば底辺で教える人たちも、実に軽々しく「先生」と呼び合っているのである。

「先生」とは、専門的な知識や能力があるために指導的立場にあって、自分が師事している人に対する敬称である。したがって、たとえ新米の師であっても、自分に教えてくれている人は先生であり、「先生」と呼ばなくてはならない。

自分自身の師でもない、いわば同業者であり競争相手である人を「先生」と呼ぶのは、どう考えても筋が通らない。

同業者にいわれのない攻撃をされたらいけないので、牽制の意味も含めて、敬意を表わそうとしているのかもしれない。そうなると、慇懃無礼な行動様式の一つということになる。

また、お互いに「先生」と呼び合うことによって、門外漢の第三者に対しても、自分たちはエライのだということをアピールしているのかもしれない。そうであれば、自分たちの職業の地位を高めようとする連帯意識の表われである。

いずれにしても、社会の秩序という観点からすれば、紛らわしく耳障りな言葉であり、間違った使用方法である。

そのような世界にいる、ある識者がいっていた。「月謝を払ってから先生と呼べ」と。けだし名言である。きちんと月謝を払い、しっかり教えてもらって初めて、「先生」と呼べる人になるのだ。

自分の先生でもない人を「先生」と呼ぶのは、その人を自分の先生と同列に置く結果にもなるので、本当の先生に対して失礼だ。

名実ともに「先生」と呼ばれる資格とは

職業的に先生と呼ぶのが習慣的になってきている人たちがいる。最も典型的なのは学校の教師だ。まったく知識もなく考え方も定まっていない生徒を教え導くのであるから、先生の原点である。いったん先生となって生徒に教えれば、その生徒に関する限りは、ずっと先生であり続ける。たとえ生徒が大きくなって位人臣《くらいじんしん》を極めたとしても、その先生は依然として先生という上の地位を占める。

教師は生徒を教え育てることを第一義として、それに全力を傾注している。生計を営むためという目的はあったとしても、それは付随的なものであって、教育をするという使命が最優先事項である。だからこそ、名実ともに「先生」と呼ばれる資格があるのだ。

したがって、生徒のことを考えて教育をするという使命感のない人は、単に教えることを職業にしている「教師」であるにすぎない。先生と呼ぶに値しない人である。その点については生徒自身も敏感に感じとり、「先公」などといって軽蔑することになる。よって教えるほうは、心から「先生」と呼ばれて敬愛されるように、身を律する必要がある。

一般的に先生と呼ばれる、ほかの職業についている人についても同様だ。医師は健康な生活を確保するという社会的使命が与えられているし、弁護士は社会正義の実現が使命であると法律にも規定されている。そのために、先生という敬称を奉られているのだ。その名に恥じないように職務の遂行をする必要がある。

●単なる「先生ごっこ」は見苦しい

もちろん、誰でも生きていくために、金を稼ぐことにも配慮をしなくてはならない。しかし、ある程度の資格職業の場合は、当たり前に働いて社会的使命を果たしていれば、食べていけるようになっている。それ以上に儲《もう》けようとする心を起こせば、本来の使命の遂行がおろそかになる。それでは、先生と呼ばれる資格はなくなる。

患者や顧客が先生と呼ぶのは、自分の健康を維持回復したり権利を守ってくれたりすることに対して、全面的な信頼を置いているからである。その信頼に応えるのを優先課題にしなくてはならない。

自分が指導を仰いでいる人であればよいが、仲間うちの単なる同僚や新米までも先生と呼ぶのを聞くと、外部の人たちは奇異な印象を受ける。何か自分たちだけの閉ざされた世界をつくり上げ、その中で「先生ごっこ」をしているように見える。

「先生」という言葉は、安易に使うべきではない。きちんとした使命感を持って人々を指導していて、心から敬服するに足る人に対してのみ使うべきである。

また、先生と呼ばれたら、自分が社会に対して貢献できることに焦点を当て、鋭意、人々を助け、啓発することを続ける必要がある。

自分がその資格がないにもかかわらず先生と呼ばれたときは、よくよく反省してみるのだ。「先生といわれるほどの馬鹿でなし」という川柳も思い起こしてみる。人に笑われるようなことをしている可能性がある。

24

「なるほど」と「さすが」の大きな役割

人は自分の話に耳を傾けてくれる人に対しては、無条件に好意を抱く。一言半句も聞き逃さないようにと、こちらの目を注視して聞いてくれるような人は、初めて会った人であっても強く印象に残る。

したがって、仲よくしてもらおうと思ったら、相手が話をしているときに全神経を集中して、相手の考えと感情を吸収しようと努力するのだ。

相手のいうことに対して同感ないしは賛同するときは、相槌を打つ。単にうなずくだけでも、相手にとっては大きな励みになる。自信を持って話を続ける原動力ともなる。

講演などで大勢の人を前にして話をするときに、冷めているのかおとなしいのかわからないが、まったく反応を見せない聴衆に接すると、とまどってしまう。わらにもすがる思いで場内を見回し、ときどきうなずいてくれる人を見つけると、実にほっとする。その人のほうに時折目を走らせて、うなずくのを確認しながら話を進めていく。

なかなかうなずいてくれないときは、その人を頻繁に見たり長く注視したりして、相槌を催促する。すると、相手もこちらの願いに応えるかのように、うなずいてくれる。結果的に「さくら」の役割を果たしてくれるのだ。

●「感心する気持ち」で相手に自信を

相槌を打つというのは簡単な行為であるが、コミュニケーションをスムーズに進めていくうえで、絶大なる効果が生じる。さらに、「なるほど」と言葉までも発する場合は、相手のいうことに対して同感というよりも「感心」する気持ちを表明することになるので、相手に対して、さらに大きな自信を与えることになる。

話の場を友好的に進めていこうと思ったら、たとえ自分がすでに知っている道理や考え方を相手が述べたときでも、「なるほど」といってみる。先入観を排して人の話に耳を傾けてみれば、その言葉も自然に出てくる。

相手が部下などの目下であって、誰でも知っているようなことをいっていると思っても、素直に感心できるようになる。


自分は目上であるから、相手のいうことに感心したりすれば沽券《こけん》にかかわると思って、知ったかぶりをしたり当たり前のことを聞くような態度をとったりするのはよくない。特に、全員の知恵と知識を集めて最大の成果を上げようとしている企業の中にあっては、そのような姿勢は致命的である。

何をいっても積極的に受け入れる反応を示さないことがわかれば、誰も何もいわなくなる。新しい情報や独自のアイデアの芽を摘む結果になってしまうのである。

●絶妙の「合の手」がアイデアの触媒になる

自分の創意で話したことを、きちんと評価してくれる相手だとわかれば、誰でも進んで口を開く。それは企業のためであり、ひいては相手や自分を含めた皆のためにもなる。

相手が上司であれ部下であれ、また目上であれ目下であれ、**タイミングよく「なるほど」といってみる。この「合の手」が絶妙な触媒となって、大いなる成果へとつながっていく。**話を聞いて、「なるほど」というだけで、コミュニケーションが行き渡り、人々の協力態勢が固まっていくからだ。

参考になる話を聞いたと思ったら、「それは参考になる」といい、よいアイデアであると思ったら、「それはよいアイデアだ」という。自分の心の中にポジティブな反応を起こす話には、それをできるだけ手短に、口に出していってみる。

それだけで相手としては、いった価値があったし、報われたと思って満足する。

自分のいったことが正しかったのか、役に立ったのかもわからないと、相手は欲求不満に陥ってしまうことを忘れてはならない。

さらに、**大いに感心したときは、「さすが」といって感嘆の意を表明しておくこと**も必要だ。さすがという言葉は、さりげなく使われるが、大いなる賞讃の表現である。ただし、それだけに、特定の目上の人や上司に対して連発したのでは、ご機嫌取りだと解釈されても仕方がない。相手は喜ぶかもしれないが、周囲にいるほかの人たちのひんしゅくを買う恐れもある。あまり口癖にならないようにしたほうがよい。

人は正面からほめられると照れたりして、「それほどでも」などといってしまう。しかし、感心とも賞讃ともとれる一言をいわれたときは、意外に素直に受け取ることができるものだ。

同じほめるときも、相手が自然に受け入れることができるような表現をしてみる。自分自身もそれが自然にできるようになれば、人生の達人の域に近づいた証拠である。

25

失敗や間違いがわかったときは「最初の一言」が重要

相手が企業であれ個人であれ、ある程度以上の規模の仕事の場合は、きちんとした文書によって内容や条件などを確認したうえで、仕事に取り掛かるというのは大原則であり常識である。したがって、その都度わざわざいう必要もないが、上司としては念のために繰り返して注意している。

そのような環境の中で、大きな引き合いがあった。ちょうど取り引きが低調で忙しくなかったこともあって、担当者同士の口約束だけで、取り引きに必要な仕入れや外注などの準備を始めた。契約書は受け取っていなかったが、先方の担当者が経営陣のところで捺印《なついん》待ちの状態であるというので、それを信じていた。

上司は契約書を確認してからのほうがよいと再度注意したが、担当者は、これまでの取り引きの実績などから考えて大丈夫だと思って、強引に押し切った。作業がかなり進行したところで、先方の担当者から、今回の取り引きは見送ることとなったという連絡があった。社長の一声で、ほかの会社と契約することになったというのだ。

「追い討ちをかけるような責め方」はしないこと

そこで上司は激怒していった。「ほら見ろ。だからいっただろう」と。

何度も注意した上司としては、当然の言動ではある。あれだけいったのに、それを守らなかったために、最悪の結果になってしまった。それに対する憤懣《ふんまん》を部下に思い切りぶつけたのである。

しかし、口惜しく思う気持ちは、部下だけではなく自分自身に対しても向けられている。部下がいうことを聞いていてくれたらという思うと、自分も強引に阻止すべきであったという腹立たしさが錯綜《さくそう》している。

部下のほうも、同じように考えている。上司のいう通りに大原則を守るべきであったと反省すると同時に、上司も無理やりストップをかけてくれればよかったのになどと恨めしく思っている。上司は口では止めたが、本気で行動に出て止めることはしなかった。慎重にやれといって、自分の行動を実際には容認していたことと同じだ、と考えている。

上司も部下も考えているところはそれほど変わらない。悔やむ気持ちも腹立たしさも同じである。鉄則を守らないで見切り発車をしたことに関しては、部下も十分に反省しているのは明らかである。

そのときに、上司が警告したではないかといって、追い討ちをかけるような責め方をしても、何の意味もない。自分の警告に反して部下が行動したのであるから自分には責任がない、といわんばかりでは、部下が反感を覚える。一方的に責任を押しつけようとするから、不公平だと感じる。

いずれにしても、上司としては部下を監督する義務があるのだから、その責任を免《まぬが》れることはできない。

●責任の「なすり合い」より「奪い合い」を

そうであれば、その監督責任のあることを部下に対しても認めた会話をするのが得策だ。上司と部下はチームとして一体となって仕事をしている。一方が責任をとって、他方が責任を免れるというのは、理論的にはありえないことだ。一つひとつの具体的な仕事は分担してやったとしても、その成果はチームのものである。そうであるなら、責任もチームの全員が担うべきだ。

したがって、上司としても、警告を繰り返したことを盾に取って責任を回避しないで、自分の分担すべき責任を明確にいってみる。「自分が強引に止めさせるべきであった」と反省の弁をいう。

それを聞いた部下としては、まさにその通りだ、などとはいわない。自分のほうこそ再三にわたる上司の警告にもかかわらず勝手に仕事を進めてしまった、といって自分に責任があることを「主張」するはずだ。**責任のなすり合いではなく「奪い合い」のかたち**になる。そうなると、お互いに対する信頼感も高まり、さらに協力していこうとする気運になる。

間違いが起こってから、最も非難すべきと思われる人に焦点を当てて非難しても、何らよい結果は生じない。

本人は自分が悪いことは百も承知のはずであるから、さらに非難をしてもマイナスの効果しかない。攻められれば防ごうとするのが人間の常だ。自分を守るために、ほかの人にも責任の一端があることを主張しようとする。すると、同じチームの仲間同士がいがみ合う結果になってしまう。

失敗や間違いがわかったときは、最初の一言が重要だ。まず、自分が悪かったところが少しでもあれば、そこに焦点を合わせて謝る言葉を発する。そうすれば、ほかの人たちも連鎖的に口を開き、反省の言葉を発することになる。

26

「方言の効用」を知っていますか

島根県の田舎から東京にやってきたときは、青雲の志ではないが、できる限り努力して何かを達成したいという意欲に燃えていた。大都会のエネルギーに圧倒される思いをしながらも、その大きな営みの真っ只中にいるという満足感に浸っていた。現在のようにテレビなどもないころであるから、田舎にいたときの東京の姿は、時たま見る映画の中で垣間見る程度のものであった。その、あこがれの都の中で息をしている自分自身に興奮していたのである。

同時に、田舎コンプレックスは覆い難く、東京の人たちの行動様式に早く慣れようと努力していた。まずは言葉である。標準語ないしは東京弁を真似て話すのであるが、とっさのときは地が出る。

そのうえ、田舎のなまりはどこかに出てくる。「なまりは国の手形」といわれ、よく聞いていれば、なまり方で、どこの出身かはすぐにわかってしまうものだ。先祖代々東京の人である妻と、生まれも育ちも東京である息子の二人からは、私がなまった発音をするために意味を取り違えることがあるといって、いまだにときどき発音の違いを指摘されている。

●なぜ「方言の認知度」は高まったのか

しかしながら、昔はコンプレックスの種であった方言や田舎なまりも、現在では何となく自慢の種になってきた。

田舎出身者は、特定の狭い地域を基盤にしているので、アイデンティティの基盤が定まっている。近所といっても広い範囲の人たちと顔見知りであり、田舎の度合いが激しいところでは、間接的に知っている人も含めれば、ほとんど皆のことを知っている。それゆえ、氏素性もお互いにわかっている。

東京などの大都会出身者の人的な基盤は、不特定多数の人々なので、しっかりしていない。それに対して、田舎の場合は足が地についている感がある。

そのような考えに基づいて、最近は田舎出身というのは劣等感よりも優越感の元となるようである。したがって、方言やなまりも、あえて前に押し出そうとする傾向もある。特に名をなして自信のある人たちの中には、方言を使うことによって自分の特徴を出そうとしている人たちも見受けられる。

もちろん、テレビのドラマや映画、それに雑誌など印刷物の中で、方言が使われる場面が多くなった背景もある。いわば方言の認知度が高まったのである。ただ、テレビドラマで俳優かタレントかわからないような人が使っている方言は、実に怪しいものばかりだ。その土地を知らない人にとっては土地の雰囲気を感じる助けになるかもしれないが、地元出身の人にとっては、違和感をこのうえなく感じる「片言の方言」でしかない。

●標準語にはない「深い意味」と「豊かなニュアンス」

いずれにしても、**方言はその土地に根づいた言葉であるから、時には標準語にはない深い意味や豊かなニュアンスを伝えられる**。したがって、特に自分の感情や状況を表現したいとき、田舎出身の人は郷里の方言を使ってみるのも一興だ。ただし、始めから終わりまでをすべて方言でいったのでは、出身地が違う人にはちんぷんかんぷんなので、方言の単語をまぜるのである。

すると、その場の雰囲気によっては、方言を知らない人にも、かえって自分のことをよくわかってもらえることがある。話の前後関係や語感から、何となく推測できるのだ。

私の郷里の年老いた伯父と伯母は、死ぬまで夫婦二人だけで生活していた。会うのは私が田舎の同窓会などで帰るときだけなので、一年に一回ぐらいしかなかった。

しかし、ときどきは電話をして安否を確認し合っていたものだ。あるとき、妻が伯母と話していたが、電話を切った後で、方言でわからない言葉を私に聞いてきた。最初に妻が「お元気ですか」と聞くと、「あづっております」といわれたというのだ。何となく、骨は折れるが何とか一所懸命にやっているという意味に解釈したという。大体その通りである。

まったくの私見であるが、古い言葉で暑さに苦しみ悩むという意味の「暑る（あつる）」から派生したものではないだろうか。いずれにしても、老夫婦が年齢なりの不自由な身体で頑張っていることを表現しようとしている気持ちが伝わる。

このように、**方言を差しはさむことによって、会話にちょっとした刺激を与えることができる**。相手はまったくわからなかったら、どういう意味かと聞いてくるはずだ。そこで、会話は一瞬、淀むかもしれないが、方言でいった言葉に焦点を当てることによって、多少なりともメリハリのある会話となって、お互いの印象に残るはずである。

田舎出身の人は、時には会話の彩りに方言を入れてみてはどうだろうか。

27

お互いの理解が目的の会話に「横文字」は不適切

話の中で、やたらと英単語を使う人がいる。日本語にも同じ意味を表わす立派な言葉があるにもかかわらず、むやみと英語でいわれると、ちょっとした反感を覚える。その英語を知っている人には抵抗がないかもしれないが、意味がわからない人にとっては、その英語が発せられた途端に、コミュニケーションの流れが止まってしまう。

会話は理解してもらうのが目的であるから、英語でいったばかりに、せっかくの努力が十分に実らないことにもなる。

マイナスになるのは、そればかりではない。日本の文化体系が少しずつ崩れていく結果になる。言葉は文化である。日本語は、日本の伝統と文化の中で培われ、徐々に成長変化を遂げながらも、綿々と受け継がれてきたものである。そこに異文化の要素が入ってこようとするとき、文化のよい部分を壊すことはないか、また文化のよりよき発展のためにプラスになるかなどを考えたうえで、受け入れるかどうかを決めなくてはならない。

単に便利がよい言葉だからという理由だけで、「外来語」の資格を与えてはならない。危険人物でないことを確かめたら「入国」は許すが、「帰化」となると厳密なチェックをする必要がある。それと同じように、外国の言葉を使おうとするときは、日本人の一人ひとりが審査官になったつもりで考えてからにする。

●日本の文化を安易に「侵略」されない

たった一語ぐらいと思っていても、ちりも積もれば、知らないうちに山になる。外国の言葉を「輸入」ないしは「借用」しようとするときは、慎重にも慎重を期す必要がある。さもないと、外国の言葉という「尖兵《せんぺい》」が知らないうちに徐々に入ってきて、日本の文化が「侵略」されてしまう結果にもなりかねない。

この点に関しては、フランスを多少は見習うべきである。フランス人がフランス語を守り抜こうとする執念はすさまじい。最近は多少融通がきくようになったが、私がニューヨークにいたときに経験したことは、フランス人の頑固さを示す、よい例であろう。

あるとき、仕事でフランスの統計資料が必要になった。現在であれば、資料を探すのはインターネットを利用すれば簡単にできる。しかしながら一九六〇年代のことであるから、関係者に依頼して探し方などを教えてもらうことから始めなくてはならなかった。それでもなかなか見つからず、ワシントンにあるフランス大使館に問い合わせてみることにした。

電話をして英語で話をするのだが、電話に出た相手はフランス語でしゃべるばかりだ。こちらは即座に交渉できるだけのフランス語を話す語学力はないので、仕方なくいったん電話を切った。頭の中でいうべきことをフランス語で用意した後で、再度電話をした。片言のフランス語で用件を話し、詳細については英語で説明させてくれと依頼した。

明らかに、初めに電話に出てきた人と同じ人であったが、私がそこまでいうと、流暢《りゅうちょう》な英語で対応してくれ始めたのである。親切に教えてくれたおかげで、私は資料を手に入れることができた。

その後も、きちんと英語が話せるにもかかわらず、少なくとも最初はフランス語でしか話してくれないフランス人に、何人か出会った。

伝統・文化を守っていこうという矜持

日本人は欧米の文化を積極的に取り入れることによって、近代化の道を急速に進んできた。そのために経済的な発展の成果も上がり、人々の物質的生活も早い段階で豊かになった。しかし、その分、伝統や文化までも安易に捨てたり変えたりする傾向がある。文化的にはもっと「国粋主義」を貫こうとする姿勢が必要であろう。

その第一歩は、**外国の言葉を安易に日本語の中に入れないことである。下手に使えば意味が通じないと同時に、単なる「西洋かぶれ」として軽く見られる**だけだ。本人が偉ぶって喜んでいるだけの結果になる。

もちろん、日本にはない考え方や感覚に基づいた外国の言葉の場合は、そのままカタカナにして使うほかないし、そうするべきである。無理やり似たような日本語を見つけ出して当てはめたり、新たに造語を企てたりするのは、逆に混乱を招くだけである。起源が外国にあることを示すためにも、カタカナで表示したほうがよい。

また、英語のアルファベットを使うときは、米英のルールに従うのが礼にかなっている。ローマ字で姓名を表示するときに、日本人は最初に姓を書くのが習慣であるからといって、我を通そうとする風潮がある。

しかし、アルファベットで表示する以上は、米英の習慣に従って、名を先にして姓を後にする方式を使うべきだ。人のものを借りて自分流の使い方をするのは、間違った国粋主義である。

28

いいことも悪いことも極めつけない

いつも笑顔を絶やさず快活に振る舞っている女性がいる。身体の調子が悪いときも、具合がよくないなどとはいうものの、沈んだ顔を見せたことはない。家庭的な悩みについて話すときでも、淡々とした表情なので、余所事のようである。

常に前向きに考えているので、気に病んでも仕方のないことについて、くよくよしたことなど一回もないのではないか、と考えられるくらいである。時には不満を漏らすことはある。しかし、それを引きずっているところは見たことがない。楽天的な性格なのである。

彼女に自分の悩みや心配していることを話す人は、いつも元気づけられる。たとえば、自分の子供の背が伸びないのを気にしているといえば、昔から高いのがよいか低いのがよいかについては議論があって、実際にもどちらが得になるかわからない、などという。

背が低くても頭がよければよいではないかなどといって、安易な慰め方をすることはない。短所があっても長所があればよいという言い方は、短所は短所として認めることになる。そのうえで、長所を指摘してバランスをとろうとする考え方だ。

しかしながら、それでは背が伸びないといって心配している親の悩みは解決しない。一方、背の低いこと自体が短所ではないのではないかと主張すれば、相手の気持ちに光が与えられる。**人の心配や悩みのポイントをはぐらかすことなく、そこに焦点を当ててポジティブな考え方をしていく**のである。

●常に相手に「希望」を持たせる言い方を

ある程度は博学でなくてはできない芸当である。しかも、その基礎には、同じ事実でも人によってはマイナスの結果になることもあれば、プラスの効果を生じることもある、という柔軟な考え方がある。そのような考え方ができるからこそ、事実を事実として認めることができる。そのうえで、その事実に対して、世間一般とは異なった見方がありうることを示す。

つまり、物事を極めつけないのである。その事実がよいのか悪いのかわからないとか、結果は吉となるか凶となるかわからないということによって、相手に常に希望を持たせる。

本人が凶であると思っている事実を前にして、一緒になって嘆くことによっても、ある程度は人を慰めることはできる。しかし、同情された人の心は、一時的には癒されるかもしれないが、そこから抜け出す力を与えられることはない。いわば相手の沈んでいる心のレベルまで下りていって、その心の中をかき回しているだけだ。

同情は相手の気持ちに「同乗」することである。いわば同じレベルに下がっていって、乗っているのだ。それよりも、下から上へと引き上げる努力をしたほうがよいだろう。マイナスという下の次元からプラスという上の次元へと連れてくるのだ。ネガティブに考える世界の価値観に対して疑義を唱えることによって、ポジティブに考える世界の価値観へと転換させる。

●相手の心と「つかず離れず」の距離を保つ賢さ

それには、自分は上にいるまま動かないで、相手を引き上げようとしても、難しい。ある程度は下に下りていかなくてはならない。上の世界と下の世界の境界線のあたりまで下りていき、そこから相手を引き上げる努力をするのである。

相手の心とつかず離れずの関係を保つという、絶妙な距離感に対するセンスが必要だ。相手のことを十分に理解しなくてはならないが、相手に同化してしまってはいけない。

そんな人が発する言葉は、常識に対する反論かもしれないし、通説に疑問を投げ掛ける言葉であるかもしれない。

いずれにしても、**問題点を曖昧にするのではなくて、逆に直視したうえでの言葉である。マイナスをプラスとして考えて、励まそうとする姿勢**だ。

そうした言葉は、口先だけのものでは駄目である。いちばんよいのは、自分自身が同じような経験をしたことがあり、それがプラスになったといえることである。

人生の禍福は一つひとつの事実によって予測できるものではない。その都度、吉であるといって喜んだり、凶であるといって悲しんだりしても、最後にはどうなるかわからない。

「人間万事塞翁《さいおう》が馬」の故事を考えれば、その点は明らかである。特にあることが凶だと思っている人に対しては、そのことに一喜一憂することの愚を示して、常に希望を与える考え方を示す必要がある。

4章

口に出さない「一言」

——だから、効きます！

29

あえて口にしないほうがいい話

俳優やタレントが各地の温泉旅館やレストランに行き、料理を味わって見せるテレビ番組がある。どんな料理を食べても、皆、異口同音に「おいしい」といって喜んでいる。演技力に差があるので、視聴者に訴える力には多少の違いがあるが、総じて画一的な印象を与える。

昔は、店によってはまずくて喉《のど》を通らないような食べ物を出すところもあったが、最近はどこに行っても、まずまずの水準は期待できるようになった。

したがって、感想を聞かれた場合は、相手が店の人であれ、ご馳走をしてくれた人であれ、たとえ感心しない味であっても、それほどの抵抗を感じることなしに、満足している旨を表明することができる。それが人間関係に配慮した振る舞い方であり、せっかくの食事の場を楽しく終えるための知恵でもある。

しかしながら、料理の種類や内容を伝えることも重点の一つである番組であれば、何が出てきても大げさに喜んだりおいしいといって目を細めてみたりしたのでは、あまりにも芸がなさすぎる。視聴者は、単なる演技であろうと考えてしまう。

こんな「手加減」ができるのも人情のうち

番組に出ている俳優なりタレントなりが、いつも通っているというレストランであったり、複数回泊まったことのある温泉旅館であったりすれば、それなりの信憑性がある。

本当においしいかどうか、金額に見合う価値のある料理かどうかは、人にご馳走してもらったり、無料で提供されたりしたのでは、わかるはずがないからだ。自分が汗水たらして働いて得た金を払って食べたときに、初めて自分なりの正しい評価ができるのだ。人にこびる必要もないし、自分自身の真剣な損得勘定のうえに立って判断するからである。

他人が飲食や宿泊のコストを負担した場合は、賄賂《わいろ》をもらったに等しい状態になる。そうなると、その人のことも考えざるをえなくなる。それだけ色のついた判断をする結果になるのは、程度の差はあれ、防ぎようがないであろう。それが人情であるし、また、そのような手加減がまったくできない人は、人でなしといわれても仕方がない。

したがって、テレビ番組については、視聴者も常に色眼鏡をかけておかなくてはならない。純粋な取材番組ではなく、実際には広告放送、すなわちコマーシャルの色彩が強いものであると考えて見たほうがよいだろう。

●「好き嫌い」は本人だけの聖域

実際、私たちも日常生活の中で、同じような言動をしている。ご馳走してくれた人の手前、食べられなくはないという程度の味でも、おいしいなどという。しかし、後から友人や同僚に話すときは、自分の感想を率直に表現する。まずかったとか嫌いだったとか、時には料理とはいえないなどと、こきおろしたりする。

しかし、親友など、親しさの度合いが深い人以外の人がいるときは、正面切ってけなすような言い方はしないほうがよい。たとえば、海に面した旅館であったが、建物はいかにも貧乏たらしく、料理も貧相としかいえないようなものであった、といったとする。しかし、その旅館はその場にいる一人の実家であるかもしれないし、新婚旅行で泊まった旅館であるかもしれない。そうなると、その人は自分がけなされたと感じ、反感を抱くはずだ。

好き嫌いは、本人だけの聖域である。自分が嫌いだと思ったら、それに対して批判をする権利は誰にもない。しかし、嫌いといえば強い否定的な感情の発露となることも事実である。そこで言い方を変えて、**自分の「好み」ではない**、といってみる。すると、単に個人的な感想をいったまでで、極めつけたという感じはしなくなる。善悪の判断とは関係のない世界の話になる。

●「自分勝手なコメント」はほどほどに

　実は、これについては私も失敗したことがある。日本人がハワイに新婚旅行に行くのが、はやり始めたころだ。そのころ仕事で頻繁にハワイに行っていた私は、新婚団体旅行の観光バスで、全員が女性を窓際に座らせている光景を見て、陳腐さとつまらなさを感じていた。そこで、親戚の人たちが集まっている席上で、その話を笑い種《ぐさ》にして、けなしたのである。

　ところが後から、集まっていた人の中に、そのような新婚旅行に参加し、自慢していた人がいたことを知った。その人に恨まれたのは、いうまでもない。人が楽しんでいることに対して、得意になって自分勝手なコメントをして馬鹿にした罰である。「口は禍の門」である。単に見たままを話すに留めておけばよかった。

　人の好みはさまざまである。自分が嫌いなことも、ただ「自分の好みには合わない」といっておいたほうが無難だ。

30 汚い言葉には「汚い反応」が返ってくる

「言葉は立居《たちい》を現わす」とか「言葉は身の文《あや》」とかいわれている。口にする言葉によって、その人の性行や品性がわかる、というのである。

もちろん、表面的に言葉を繕うのが上手な人もいるので、ちょっと聞いただけでは、人格まで判断するのは難しい人もいる。しかし、緊急事態が生じたときや、状況が瞬間的に変わったときなどには、つい地が出るものだ。

言葉と人は、切っても切れない関係にある。相手が使っている言葉に耳を傾け、分析していけば、その人の生まれてから今日に至るまでの歴史がわかる、といっても過言ではない。完璧に二か国語が話せる人でも、とっさのときに出る言葉を聞けば、どの言語が母国語であるか、わかるようなものだ。

課報機関《ちようほう》で働いている人が捕らえられて、調べられたときの話だ。彼は、第三国の人を装っていた。その国の言語も完全にしゃべることができるのだが、訊問《じんもん》されているうちに、つい自国語をしゃべって身許《みもと》がわかるといけないので、ずっと黙秘を続けていたという。

ところが、調べる側も、テクニックの限りを尽くす。母国ではないかと疑っている国の言葉で、本人に話し掛けたり、同僚と話したりした。すると、彼はその言語の、ある特別な言葉に対して、微妙な反応を示してしまった。そこで、身許が暴露されたのである。

●「使う言葉」を律すると振る舞いも美しくなる

自分のしゃべる言葉には、自分に関するすべての情報が入っている。

よい環境で育てられ順調に生きてきたら、その情報が、苦しい境遇の中で努力してきたら、その情報が、自分のしゃべる言葉に表われてくる。自分の現在の心構えについても、言葉を聞けば、如実にわかってしまう。

その逆もいえる。すなわち、**自分の使う言葉を律すれば、自分の振る舞いもある程度はコントロールすることができる**のだ。きれいに生きようと思えば、きれいな言葉を使うのである。汚い言葉を使っていれば、徐々に汚いことに慣れてしまい、自分までが汚くなってしまう。

特に、人をののしったり自分の鬱憤《うっぷん》をぶちまけたりする言葉は、使わないようにする。汚い言葉を使っても使わなくても、必ずしも自分の気が晴れるとは限らない。

そうであれば、まったく逆の意味になる「上品」な言葉を声に出して、「ののしって」みる。「極端によい」は、「極端に悪い」にもつながる。正反対のことをいえば、いいたいことを示唆することにもなる。

たとえば、大失敗をしたときに、「大成功をした」といって嘆いてみる。ののしる場合であれば、典型的な例の言葉を使わないで、高級シャンパンのブランド名を叫んでみる。

そのほうが、本人も気分が多少なりともポジティブになるし、周囲にいる人は瞬間的には驚くかもしれないが、一種のユーモアも感じて、救われた思いがするはずだ。**ののしり言葉をいうかどうかは、結局は「癖」なのである。**小さいときに大人が使っていたのを真似したり、映画の中でいっているのを聞いて覚えたりしたのだ。

●「怒り」のぶちまけ方を見直してみる

私は二十代の後半から六年強、ニューヨークで働いたり学んだりした。その間に一度も典型的な英語ののしり言葉を使ったことがなかった。

何となくは知っていたのだが、使い方を知らなかった。映画を見たり町で人の会話を聞いたりしても、ヒヤリングの能力に劣る私には聞きとれなかった。また、読むのはビジネス関係の本や専門誌ばかりであったので、そのような言葉に出会う機会がなかったのである。

元々卑猥《ひわい》な言葉である、この種の単語は、四文字から成り立っているので、英語では「四文字語」といわれている。日本に帰ってきてから、映画で字幕を見て、元の英語が四文字語であることを学んだ。また、自分自身で翻訳をするときに、辞書を引き、その汚らしさや卑猥さを知った。

日本で十五年以上も一緒に仕事をしたことのあるアメリカ人がいる。公私にわたって深いつきあいをし、何回も国内外の旅行を一緒にした仲である。

その彼が四文字語をいったのを聞いたのは、一度しかない。しかも、四文字語の中では卑猥度が最も低い言葉である。間違った書類を電子メールで送ったのを、彼が忙しく立ち働いている最中に、私が指摘したときだ。彼でも使うのだと、変に感心したのを覚えている。

ののしり言葉は品を落とす。ほかの言葉を使ったり、ほかの方法によったりして、怒りや憤懣をぶちまけることを考えてみる。汚い言葉に対しては、汚い反応が返ってくる。それではさらに汚くなってしまう。悪循環を起こさせてはならない。

31

「完全黙秘」はどんな言葉よりも影響力がある

事件の渦中にある人が、メディアの人たちに意見を求められている。不祥事の場合は、皆の目を避けて隠れていたいというのが本心で、ましてや意見や感想などは、いいたくない。逃げようとしても執拗《しつよう》に追いかけてくるので、追い払うためには何らかの手段を講じなくてはならない。

強引に近寄ってきて何かをいえと強要するのは、心理的にはかなりの圧力を加えることになるので、一種の「暴力的」行為である。それに対抗するための簡単な方法は、相手が物理的に近寄ってこないようにすることだ。手っ取り早いのは、相手を押しのけることであるが、それでは暴力の行使になり、非難の標的にされてしまう。

相手が「暴力的」であっても、それに対する正当防衛の手段は「暴力」であってはならない。

そこで、「三十六計逃げるにしかず」ということになる。しつこく意見を求められれば、気の強い人は何かいい返さないと気がすまないと思う。しかし、いい返すのは抵抗することになる。逃げると決めたからには、何もいわないで、ひたすら逃げることに徹するべきである。

●「ノーコメント」でさえ心の中がわかる

「ノーコメント」という人がいる。しかし、そういったら、ノーコメントというコメントをしたことになる。何かをいわなくてはいけないことを認めたうえで、今はいえないとか、いいたくないとかいう気持ちを表明しているのである。したがって、自分にとって不利な事態を認める結果にもなる。

たとえば、何かの交渉の場から出てきた人が、結果はどうであったか聞かれたときに、「ノーコメント」といったとする。結果を口外しないという当事者同士の約束がある場合を除き、それは不首尾に終わった証拠である。その場で失敗を認めたくないのだ。成功していたら、成功したと一言いえば、それで片がつくはずだからである。

イエスとかノーとかの明確な意思表示でなく、極めて曖昧な表現をしたとしても、何か一言でもいえば、そのときの表情やボディーランゲージをつぶさに観察していれば、考えていることをある程度までは知ることができる。したがって、**自分の心の中を知られたくなかったら、徹底的に黙秘を貫くべき**である。

世界の政治の場面においても、開かれた国の人たちは、メディアに聞かれたりすれば、何か一言ぐらいはいう。検討中とか努力中とか、まだ難しいとか、当たり障りのないようなことをいって、お茶を濁す。少なくとも説明責任があることぐらいは意識しているからだ。

それに反して、閉ざされた国の人たちは、まったく口を開くことはない。表情も変えないで、ただひたすらに黙秘を続けるのである。たとえ、よいニュースのときでも、絶対にいおうとしないので、不気味だ。

自分の感情を「未知」のかたちで伝える

普通の人の日常生活においても、自分にとって都合のよいことはいうが、都合の悪いことについては口を閉ざすことが多い。

法律でも、黙秘権というのが認められているのは、そのような自然な人間感情に従ったものであろう。これは、取り調べを受けるときや裁判の場などにおいて、自分に不利なことはいわないでいることのできる権利であるが、ずる賢く立ち回ることをすすめているようにも思える。

「正直」の美徳を重要なものだと教え込まれた年代の人たちにとっては、大いに矛盾を感じる権利である。

悪いことをしたのが明白である人まで、人権という名目の下に「過保護」にされている風潮が見られる。悪いことをしないように営々と努力してきた人や、正直一筋に突き進んできた人の権利が、大局的に見れば、それだけ侵害された結果になっている。この点については、公平さを回復する手立てを講ずる必要がある。

いずれにしても、被疑者や被告人などの黙秘権は当を得ない場合があるとしても、善良なる市民の日常生活においては、大いに黙秘権を行使して然るべきである。嫌だと思ったら、嫌だといったり怒ったりしてもよいが、最も効果的なのは「完全無視」することだ。一言でもいえば、その嫌悪の度合いがわかるが、黙っていたら、その激しさや深さについて計り知ることは難しい。

それだけに、相手もどのように対応したらよいかがわからないので、相手に対する「反撃」の効果が大きくなるのである。

誰でも自分のネガティブな感情をぶちまけたいときがある。その感情を関係する相手に対して最も効果的に伝達しようとするときは、口を閉ざし、感情を表に出さないようにするのだ。**人間にとって、未知より怖いものはない。**そこで、自分の感情をできるだけ「未知」のかたちで伝えるのである。

32

「以心伝心」は、日常の一言があってこそ

ビジネスの場では、できるだけ正確を期すために、必要なことはすべて口頭または文書で伝えておくのが原則である。

決まり切った日常業務についてであれば、仕事の手順やルートも皆にわかっているので、いちいちいう必要はない。くどくどいったのでは、実際に作業をする人のやる気を削《そ》ぐ結果になるのでマイナス効果だ。相手の能力を評価ないしは信頼していないことを示すことになるからである。

しかしもちろん、そのような日常業務についても、ときどき再点検をしておく必要がある。同じ作業を同じ手順でする場合でも、細かい点については人によって異

なるものだ。
人にはそれぞれに、得手や不得手があり、癖がある。さらに、同じ人間が同じことをしていても、長い期間にわたるときは、少しずつ仕方も変わってくるからだ。

●ときどきは「原点」に返ってみる

常に向上を目指して効率的方法へと改良を重ねる者もいれば、もっと楽をして同じ成果が上がるようにと考える者もいる。また、嫌々ながらしているうちに、つい手抜きをしたり、簡略な方式に変えてしまったりする者もいる。すなわち、ほかの人が知らないうちに、変化が起こっているのである。

その変化は、徐々に少しずつなので、本人自身にも、あまり「変化」という意識がない。最初の出発点における方式と現在の方式を比較してみれば、重要な点で格段の違いがあることも稀ではない。その変化も、すべての面で改良という結果になっていればよいが、時には本来の趣旨から逸脱している場合もある。だからこそ、ときどき原点に返ってチェックしてみる必要があるのだ。

単純な例で、顧客に商品を届ける作業について考えてみる。最初は自分自身が持っていっていた。そのうちに運送業者に依頼して運んでもらうようにした。外注すれば費用を支払う必要が生じるが、それだけ自分の時間を使わなくてすむ。自分にしかできない創造的な仕事に打ち込む時間が多くなったので、仕事全体の効率がよくなった。

その反面、顧客と顔を合わせる機会が少なくなっている。自分で届けに行けば、相手と密なコミュニケーションを図って、顧客の情報を直接に手に入れられた。また、相手の事務所の中に入れば、前向きの仕事をしているか、四苦八苦している状況にあるかなども、即座に感じとることができた。

単に届けるという行為にも、副次的、というよりも同じように重要な、いくつかの目的ないしは効用が含まれていたのである。一つの行為に集中しているうちに、多面的な視点が失われてしまった。ときどきゼロ点調整をしてみる必要がある所以だ。

作業に慣れきってしまったときが、出発点に返って気を引き締めなくてはいけないときだ。初心に返って、すべての点について一つずつチェックしていく。関係する人たちと意見を交換し、話し合ってみる必要がある。

●人間関係を「流れ作業」的に処理しない

人間関係についても同様である。仕事の場であれ家庭の場であれ、お互いに慣れてくると、相手を「当然の存在」であると考えるようになる。空気と同じように必要不可欠の存在であるにもかかわらず、その有難みを忘れてしまう。そこで、毎日のつきあいについても、「流れ作業」的に処理してしまう。

自分が相手を思っているように、相手も自分を思ってくれている、と考えている。したがって、わざわざ特別にコミュニケーションを図る必要はない、と思っている。しかしながら、お互いに機械的な話しかしていないときは、それぞれの考え方は少しずつ微妙に変化していっている。

自分が相手を思っているように、という考え方自体に落とし穴がある。相手に対する思いが「自分勝手」になっているのだ。ゼロ点調整を行なっていないので、お互いに自分勝手な方向へ向かっていき、まったく噛《か》み合うところがなくなっている。

そのような間柄の人たちに限って、「以心伝心」の間柄であるなどという。**言葉の手段を使わないで心から心へと考えていることを伝えるには、日々コミュニケーションが十分に行なわれていることが必要な条件**である。言葉を交わして、お互いの考えの基盤が同じであることを、常に確認し合っておかなくてはならない。

そのように**お互いの間に太い回線が出来上がっていれば、言葉では伝えることのできない膨大な容量の情報を、目と目を合わせただけで、また一言を発しただけで、一瞬のうちに伝えることができる。**

普段から通り一遍の会話だけ交わしていたのでは、回線も徐々に錆《さ》びついて細くなっていき、最後にはつながらなくなってしまう。一言でよいから、毎日新鮮な内容のある言葉を交わす努力を怠ってはならない。

33

言葉を「飾る」より「濁した」ほうがよいとき

自分の生い立ちについて、問わず語りに、自慢たらしく話す人がいる。別に嘘をいったり誇張したりはしていないと思うが、聞いている人たちは一様に眉をひそめる。懐かしむ風情を見せようとしているのであるが、育ちがよいことを吹聴《ふいちょう》しようとする気配は消し難い。

自分に関することについて、自分から進んで人にいおうとするときは、よい点についてだけいいたいのが人情である。商品の宣伝と同じだ。商品には長所があれば短所もある。

しかし、短所を前面に出して説明したのでは、誰も買ってはくれない。長所について説明することによって「売り込む」のである。商業道徳や消費者の立場から、短所についても説明しておくことが必要であるといわれているが、それを積極的に示している企業や団体は皆無に近い。示したとしても、小さな字の但《ただ》し書き風にするだけだ。

●人に好かれたいなら自慢は一切しない

宣伝は自己主張であるから、客観性においては欠けるところがある。その主張の基盤となる証拠を見せたりしない限り、説得力はない。だから、人々の共鳴や理解を得るのは難しい。しかし、同じことでも本人以外の人がいうと、途端にその話の内容の信憑性が高まる。第三者がいったというだけで、人々は信頼性があるような気がするのだ。

実際には、第三者とはいっても、まったく判断力のない人もいれば、物事を的確に判断する力を備えた人もいる。しかしながら、第三者は本人ほど利害関係が密接にからまっていないから、それだけ客観性の要素が多くなってきて、いうことに真実みが加わってくるのである。

雑誌などのメディアについていえば、「広告」と「記事」との違いである。広告は商品やサービスを売ろうとする企業の誘いかけであり、主張である。したがって、極めて一方的な主観に基づいたメッセージの要素が強い。しかし、記事として商品やサービスについて記述されているものは、一応は第三者が第三者としての目から見た意見や判断なので、真実に近いと考えてよい。

ただし実際には、その第三者も、その商品やサービスの業界に関係している人である場合が多く、利害関係の度合いはかなり高い。業界に関連した仕事をして生計を立てている部分があれば、どうしてもひいき目の記事になる傾向がある。いわゆる「提灯《ちょうちん》記事」である例も少なくない。安易に信用しないほうがよい。

とにかく、自分で自分のことをよくいっても、人は信用してくれない。自慢をして得意になり、喜んでいるのは当の本人だけであって、ほかの人は誰も快くは思っていない。本人の評判を落とす結果になるだけである。

したがって、**人に好かれようと思ったら、自慢は一切しないことだ**。「自慢ではないが」という台詞は、これから自慢をするということを主張する、思慮のなさを示す言葉である。

●人知れず行なうから「美談」にもなる

善行をしたときにも、その事実を自分から人にいったのでは、その価値は半減する。場合によっては、逆に偽善であると思われるかもしれない。

真の「美談」とは、人知れず立派な行為をしていたのが、後から何かの拍子にわかったというものだ。隠していた奥床しさが、その行為を一段と高尚なものにする。人に見つけられて恥ずかしいと思う風情があれば、その価値はさらに上がる。

人間として当たり前の、ちょっとした行為をしても、人の話題にはならない。しかし、隠していた行為に人が気づいたときは、途端に「善行」として浮かび上がってくる。そこで調子に乗って、微に入り細に入り説明し始めたのでは、せっかくの善行も意味を失ってしまう。

善行であっても、いったん人の話題になったら、その動機について詮索されたりして、批判されることもあるかもしれない。したがって、早く話の焦点をずらしていったほうがよい。「いやいや」といって否定したり、「参ったな」といって困った様子を見せたりする。

「秘すれば花」である。何でもないことでも、隠せば何かよいものではないかと思うのが人の常だ。**隠せば隠すほどに、人は見たいと思う。それだけ価値が上がる**のである。

自分の長所や人に誇るべきことについては、できるだけ口を閉ざす。説明を求められても、言葉少なく一言か二言にする。はっきりいわないほうが、謙虚に見えてよいことも多い。こんなときは、言葉を「飾る」よりも「濁す」のである。

34

「見ざる言わざる聞かざる」に徹すべきとき

街角や乗り物の中で知っている人に出会ったときは、挨拶を交わすのがエチケットである。好感を持っている相手の場合には、偶然の出会いであるだけに、どこかで深いつながりがあるからだろう、などと考える。程度の差こそあれ、運命的な関係のしるしであるような気になることもある。

そのようなときは、たとえ相手が気づいていない場合でも、わざわざ近寄っていって声をかける。言葉を交わすことによって、「巡り合い」を喜び、さらに密接な人間関係を築き上げようとするのである。

もちろん、相手であれ自分であれ、一方が急いでいるのが明らかなときには、単に会釈を交わすだけで終わる場合もある。

●「あらぬ憶測」をされないための心得

連れが一緒のときは、立ち止まって話す余裕があれば、簡単に自分との関係を説明して紹介したほうがよい。知人が誰かと一緒に行動しているときは、どんな人で、どんな関係にある人だろうかと、誰もが興味津々に見ている。

特に連れが異性のときは、その場所にもよるが、あらぬ憶測をされないとも限らない。きちんと紹介したほうが、自分にとっても安全であるし、相手もすっきりする。

紹介は簡潔にしなくてはならない。詳細に説明したのでは、逆に言い訳をしていると解釈される恐れがある。言は簡を尊ぶ。言葉が多ければ多いだけ、誤解の種を与える結果にもなる点を忘れてはならない。

いずれにしても、白昼の街中であれば、どんな異性と一緒に歩いていても、疑う側がよくない。しかし、時と場所によっては、疑わしいと考えざるをえない場合がある。

私が受け持っている茶道のクラスで恒例となっている旅行に行ったときのことだ。ゴルフをした後で温泉につかって一泊というパターンがお決まりになっている。ゴルフをしない人は温泉における夜の部と、翌日の散策的観光だけに参加する。そのときに泊まったのは由緒あるホテルで、古くから欧米の人たちにも人気のあるところだった。

皆で食事をした後で、広々としたバーで歓談をすることになった。一行は十人強だが、私以外は全員女性である。アメリカ人の親友が、女性たちと温泉一泊旅行をするなんて、よく妻が許可するものだ、といって、常に感心したり羨《うらや》ましがったりしていたが、女性も複数、しかも大勢であるから、彼の観測は的外れである。

話も盛り上がって楽しくなったところで、隣の、といっても少し離れている席に、ふと目をやった。外国人の男性と日本女性のカップルだ。見たことのある外国人だと思って目を凝らして見ると、ヨーロッパの某国の大使である。すぐに目を逸らしたのだが、瞬間的に先方も私を見て、私と認めたようだった。

●人の弱みを暴いても「低俗な好奇心」を満足させるだけ

その大使の公邸には、仕事の関係でレセプションに何回か、また、親友の一人との関係で少人数の夕食に二度ほど招かれたことがあるので、大使も私を見知っている。ほかの国の大使館のレセプションで会ったときなども、親しく話を交わしている。

しかし、私としては見てはいけないところを見てしまったと思ったので、それから二度と、相手の席に目をやることはなかった。相手が先にバーから出ていったので、そのときに後ろ姿を目の端《はし》で追っただけである。

奥さんが一緒に来ていても、疲れたので同行の秘書とだけ、もう一杯飲もうとしてバーに来たという構図も、ありえなくはない。

しかし、時間と場所と二人の雰囲気から考えて、お忍びの疑わしい旅行である確率が高い。挨拶をしたのでは、相手が気詰まりに思うだけだ。会釈をしても、相手を識別したことになるので、相手が困ることには変わりない。

このように明らかに問題のある場合ではないとしても、誰にも人に見られたくない場面がある。そのときは、**見て見ぬふりをするのがお互いのため**である。

見てはいけないところを見たのであれば、いけないことをしたのは見た側であるから、責められても仕方がない、と考えてみる。そうすれば、見たことを口外することもない。

犯罪になることでない限りは、相手から見なかったことにしてくれとか、人にいわないでくれといわれたときは、忠実に守ったほうがよい。**人の弱みを暴いたとしても、人々の低俗な好奇心を満足させるだけ**である。

口の堅い人に徹して、すでに見てしまったり聞いてしまったりしていても、「見ざる聞かざる言わざる」を決め込むべきだ。そうすれば、大いに信頼される結果になるはずである。

35 悲しみや苦しみへの慰めに「言葉」はマイナス効果

おしゃべりは自分勝手である。自分のいいたいことを次々と口に出し、相手がどんな気持ちで聞いているかについては、考えてみようともしない。相手からのフィードバックをまったく受けつけないで無視し、自分の考えを押しつけ通そうとする。おしゃべりは極端な例ではあるが、話すということは相手に対して、大なり小なり常に「強制」という結果になる点に留意しておく必要がある。したがって、相手の考えを尊重したり感情に対して配慮したりするときは、できるだけ口数を少なくするというのが大原則だ。

特に、人が大きな悲しみや苦しみの中にいるときは、慰めようとして、いろいろなことをいうのは逆効果になる。自分では相手のことを考えて同情しているのだと思っていても、つい自分自身の立場に立っているので、独りよがりの傾向になりがちである。したがって、人を慰めようと思うときは、自分が相手でない以上、そのようなことは無理である点を、まず思い起こすことが肝要だ。口先だけではどんなことをいったとしても、相手の悲しみや苦しみを紛らわせたり心を和らげたりすることはできない。

●人の「心の奥底」は知ることができない

同情とか思いやりとかいっても、所詮《しょせん》は自分自身の感情でしかない。それを口に出していっても、相手の感情との接点があるかどうかは極めて疑わしい。表向きは似ていたとしても、悲しみや苦しみの感情は、その深さが異なっているだけで、まったく共通するところのない感情となってしまう。

よく「私の気持ちは、あなたなんかにわかるはずがない」などという台詞が聞かれるが、それは相手の寄せようとしている同情が、自分の感情にマッチしていない、と感じるからである。

自分の感情さえも的確に表現することは難しい。まして、相手の感情について、その種類や度合いを探ることは、もっと難しい。そうなると、口を開いて何かをいったとしても、それが相手の心に適切なかたちで届いたり、相手の心がきっちりと受けとめてくれたりすることは期待できない。

自分の憶測に基づいて人を慰めようとするのは、結局は気持ちが嚙み合わないままに終わる可能性が非常に高いのである。

現在、相手が置かれているのと同じ状況を自分自身が経験したことがあるときは、ある程度までは相手の気持ちも想像することができる。

しかし、人の心の奥底は知ることができない。まったく異なった経緯を経ている場合もある。したがって、自分の経験に照らし合わせて何かをいっても、的外れになることは避けられない。

●「感情の行き違い」を起こさないために

　また、当の本人に向かって、その悲しい気持ちはよくわかる、などとはいわないほうがよい。**「私には想像のできない悲しみでしょうが」**などといったほうが、そのメッセージの正直さだけでも相手に伝わる。それだけ相手の気持ちが安らぐ結果になるかもしれない。自分の感情を相手に押しつけていないので、聞く側としても気が楽になるのである。

　自分が最も悲しかった例を挙げた場合でも、それとは異なっているでしょうが、などといって見当違いである可能性があることを断っておく。いずれにしても、相手の感情が極限状態にあるときに何かいえば、芭蕉の句の「物いえば唇寒し秋の風」と同じように、人間関係にちょっとした隙間《すきま》風が入り込む可能性が高い。

　弔意を表わすときは、控えめにして言葉少なくするべきだといわれているが、これも感情の行き違いが起こらないようにという知恵であろう。それほど親しい間柄でもないのに冗長になったのでは、深い悲しみに沈んでいる人としては、うるさく感じるだけである。

葬儀は儀式であって、その中の参列者はわざわざ駆けつけたとしても、大勢の中の一人でしかない。すべての言動においては、できるだけ目立たないようにする。

悲しみの中にいる当人を静かに見守るという姿勢を堅持する。相手が抑えようとしても抑えきれない悲しみが、その人の周囲に漂ってくる。その流れを自分の心で汲《く》み取ろうと努力してみるのである。そのような気持ちを持ち続けていれば、言葉が出てくる余地はなくなる。

悲しみや苦しみは、その一部でも人が汲み取ってくれることによって、和らげられる。言葉が加えられたのでは、それだけ重荷になるだけである。

悲しみや苦しみに対しては「足し算」は御法度《ごはっと》だ。「引き算」に徹する姿勢のみが救いをもたらすと心得ておくべきである。

36 「いいたいこと」ではなく、「いった後の効果」を考えて発言する

親友や家族と話をしているときに、「一言多い」といわれたら、大いに反省しなくてはいけない。前後の自分の発言をよく分析してみると、話がくどくなっていたのがわかる。念のためにと余分なことまでいったり、誰でもわかっているようなことをいったりしている。相手に対して、追い討ちをかけている結果になっている。

また、話題に関連することに関して、過去にあったよくない例を持ち出したりして、せっかく盛り上がった雰囲気を壊してしまうこともある。

たとえば、部下に新しい仕事を指示したようなときだ。一応の注意事項を伝えると、部下は了解した旨を表明して、やる気になっている。ところが、そこで追いか

けるようにして「こんどは失敗するなよ」などといえば、せっかくの部下のやる気に対して水をさす結果にもなりかねない。部下がうんざりした気分になることは間違いない。

「わざわざ注意する」とは「けなす」と同義

相手をやっつけるのが目的であれば、念には念を入れるという意味で、いわずもがなのことでもいったほうが効果的だ。止《とど》めを刺す結果になるからである。しかし、ビジネスの場であれ、それ以外の場であれ、日常生活の場においては、人間関係はすべて良好な状態で継続していくことを望んでいる。

したがって、特にマイナスの結果を招来する種になるようなことは、いわないに越したことはない。自分のいいたいことをいうのではなく、いえばどのような効果があるかを考えたうえで口を開く。特に、相手の短所や失敗した事例を挙げた説明をするのは、相手をネガティブな気分にしてしまうので、避けたほうがよい。

誰でも自分の短所はよく知っているので、それを隠そうとしたりカバーする工夫をしたりしている。したがって、わざわざ指摘して注意を喚起《かんき》する必要はない。いう人としては「念のため」と考えていても、いわれる人にとっては、「けなされている」としか感じられない。

また、過去に失敗した事実を指摘するのは、また同じような失敗を誘発する結果にもなりかねない。

人が何かを仕遂げようとするときは、まず前向きな心構えをする必要がある。成功する場合を頭の中に描き、そのイメージを持ち続けることによって、四六時中自分自身を鼓舞していく。本人がそのようにしようと考えているときに、失敗例を思い起こさせるのは、まさにやる気を削ぐだけである。

●同じ一言がやる気を鼓舞するとき、叱責に聞こえるとき

そもそも人は失敗したとき、多くのことを学んでいる。なぜ失敗したのかについ

て、自分自身で厳しく追究していっている。すると、一連の行動の流れの中で、自分が間違っていた点がわかる。失敗へと導く結果になった事態への対応の仕方が悪かったことなども、明らかになる。

そこで、同じ失敗は二度と繰り返さないようにと決意を固めている。失敗したときの辛さや不利益について、身をもって知っているので、その決意が揺らぐことはない。すなわち、自分自身の失敗は身についた教訓となっているのである。

それに反して、成功したときには教訓を得ることが少ない。成功の甘い香りに酔いしれているので、成功に至った経過の分析も甘くなりがちだ。

途中のあちこちで、自分が気のつかなかった「幸運」があったかもしれない。幸運の連続があって成功に至った可能性が高いのである。だからこそ、同じような努力をしても、同じように成功するとは限らないのだ。

したがって、成功の経験が頭に残っているときこそ、用心深く事に当たろうと注意するべきである。「勝って兜《かぶと》の緒を締めよ」という心構えをさせるべく、一言をつけ加える。これまですべてよい成果が上がっているときは、慎重さを強調する。それは忠告の言葉であるから、やる気を削ぐ結果にはならない。

しかしながら、同じように慎重さを強調しても、失敗を二度と繰り返すな、などといえば、やる気を鼓舞するのではなく、過去の失敗に対する「叱責」のニュアンスが入ってくる。失敗に対して何度も叱責されたり非難されたりすれば、誰でも気がふさぐ。

話の最後には、マイナスの要素を含んだことはいわないのが原則だ。プラスのイメージを醸成させるようなことをいうように心掛け、追い討ちをかけるようなことはいわないことだ。

37

「売り言葉」はいわない、売られても「買わない」

人間は十人十色である。考え方一つとってみても、すべての点において、まったく同じという人はいない。生い立ちからさまざまに異なっているので、意見の相違を避けることはできない。

人間関係をスムーズにつつがなく継続していくためには、自分の考え方をきちんと述べ合って、考え方も感じ方も異なった人間同士であることを、お互いに認識しておくことが肝要だ。

そのために欠くべからざる手法が「議論」である。お互いに自分の考え方を述べて、それに対する意見や批評をする。常に密な関係を保たなくてはならない間柄だからといって、その考えや考え方を同一にしておく必要は、必ずしもない。ただ、相手の考えを十分に理解しておくことが重要である。

もちろん、お互いに譲歩をすることによって相手と自分の考えを調整しておくことができれば、うまくいくこと、このうえない。ただ、自分が十分に説明をしたことに対して相手が同調し、「改宗」してくれたときはよいが、お互いの平和を保つために「譲歩」をしてくれたときは、その事実を覚えておいたほうがよいだろう。

現時点では同じ意見になったとしても、ちょっとした状況の変化が起こったときは、元の考え方が頭をもたげてくるかもしれない。相手は不承不承《ふしょうぶしょう》に自分の意見を曲げていたのかもしれないので、その点に対する配慮が必要なのである。

「なあなあ主義」より「雨降って地固まる」

親しい間柄では、その関係を長く維持していこうと思ったら、できるだけ頻繁に意見交換をする。考え方の小さな相違についても、徹底的に話し合っておくのが望ましい。

たとえば夫婦間の問題については、生涯、共同生活を続けていくのであるから、自分の意に反することがあったら、包み隠すことなく話し合い、議論をしておく。議論が沸騰することもある。その激しさが増していけば、当然のことながら、けんかになる。夫婦は仲よくしなくてはいけないという命題を信奉するあまり、夫婦げんかを避けようとするのは、必ずしもよい結果とはならない。特に結婚の当初においては、生まれも育ちも違う者同士であるから、考え方や言動の仕方がさまざまに異なっているはずだ。

その違いを理解するためには、安易な「なあなあ主義」をとることなく、徹底的に話し合うべきである。話し合いが熱くなれば、けんかにまで発展するかもしれない。だが、「雨降って地固まる」である。心の底までさらけ出して口角泡《こうかくあわ》を飛ばしたら、そこでお互いを認めざるをえなくなる。相手を人格ある人間と認める必要があるからだ。

議論を突きつめていかないで、妥協のための妥協をするのが、いちばんよくない。

それを続けていると、お互いに不満を抱え込んだまま、日々の生活を続けていくことになる。すると、年月が経過して気がついたときには、お互いの考えや価値観は遠く離れていたということにもなりかねない。そのようにバラバラになってからでは、もう修復するのは不可能である。

したがって、新婚当初は小競り合い的なけんかは大いにするべきである。「鉄は熱いうちに打て」ではないが、夫婦の仲も、まだ熱いうちに揺さぶったり試練にさらしたりしたほうがよい。冷めてしまってからでは直しようがなくなる。熱いうちに、よいかたちにしておくのである。

「仁義なき戦い」になるのを防ぐ心掛け

仕事の場における人間関係においても、同じことがいえる。長いつきあいになりマンネリ状態が続くようになってから、根本的な考え方の相違点を持ち出したのでは、調整することも難しい。初期段階において、腹を割った話し合い、ないしは議論をしておくべきである。

議論が白熱してきても、人間関係を正常なかたちで維持していくために、留意すべきことがある。まず**「売り言葉」をいわない**ことだ。さらに、**相手が売り言葉をいったとしても、「買い言葉」をいわない**ことである。

いくら売ろうとしても、買わなかったら、売買は成立しない。すなわち、けんかにはならない。

売り言葉はいいがかりであり、議論の中心となっているポイントからはずれている。すなわち、個人的な非難や中傷であって、相手を大きく侮辱する結果になることだ。論理を戦わす議論ではなく、「感情」を攻撃するのであるから、いわゆる「仁義なき戦い」になってしまう。

人にいってよいことと悪いこととがある。どんなに議論に興奮しても、それを見極める力と冷静さを失ってはならない。いって悪いことをいったら、その人間関係は終わってしまう。たったの一言で、長い間にわたって平和裏に推移していた人間関係が、一瞬のうちに壊滅するのである。

5章

心に残る「一言」

——またこの人に会いたくなる!

38

「よいことも悪いことも明日にしてください」

テレビや映画などで売れっ子の女優が、あるとき、インタビューを受けていた。昔であったら引退しているほどの年配の人である。にもかかわらず、テレビの画面に頻繁に出てきている。もちろん、コマーシャルであれば、一回撮っておけば、その都度出演しているわけではない。

しかし、執筆活動であれば、超人的な枚数を書いていると思われる作家も、実は倫理的には問題だが、ゴーストライターが「活躍」している場合もある。だが、映像に顔を出す場合は、本人が出る以外には方法がない。したがって、彼女の活躍ぶりは、まさに八面六臂《ろっぴ》の走り回り方といえる。

彼女が常に元気一杯に振る舞っているので、インタビューでは、その健康の秘訣を聞いていた。それに対して彼女は、とにかく夜の十時になったら、**「よいことも悪いことも、もう明日にしてください」**といって寝る、と答えていた。よくいわれる、「今日なしうることを明日まで延ばすな」ではなく、まだ無理すれば今日のうちにできることも、一定の時間になったら、またはある程度までしたら、明日以降へ延ばそう、という考え方である。

●「後は野となれ山となれ」というよい意味の達観

しかも、その決断を自分自身の責任においてするというよりも、大きな宇宙の流れ、ないしは自分の運命という「超人的な存在」に対して「お願い」をするというかたちをとっている。今日はここまで一所懸命にしてきたので、もうこれ以上はできない、というよりも、長期的に考えれば、しないほうがよいと考えている。

よい意味で「後は野となれ山となれ」と、これ以上を望まずに諦める姿勢である。

自分で最後まで考えたり悩んだりしないで、後は「運命」に任せて、自分自身の責任から逃れようとする。どこまでも努力して燃え尽きるのではなく、自分の限度を見極めたら、それ以上は自分の責任ではない、と割り切ったほうがよい。

ビジネスの場でも、最近は労働時間の長期化が深刻な問題となっている。周囲の人たちも皆が肉体的、精神的な限度を超えた働き方をしているので、自分も後れをとらないようにと、無理をし続けている風潮が蔓延《まんえん》しているようだ。

その合間にあって、人生は仕事だけではない点を思い起こし、「酷使」という状態にある自分を客観的に見定めようとする努力をしなくてはならない。

忙しい人ほど、世の流れに従って最善を尽くし「続け」ることによって、それだけ心身の破滅への距離が短くなっている、と悟るべきである。

ときどき自分の疲労度をチェックして、「運命の神」に対して、「もう勘弁してください」とお願いする、というよりも「宣言」するのだ。

これは自分自身を救う言葉である。頻繁に辛いと思う場合があったら、心身のバランスを取り戻すことを考えなくてはならない。そのためには、現在の自分自身から逃げ出す必要がある。自分の中だけで思い悩んでいたら、自分の殻に留まる状態が続くだけだ。そこで、大きな他力にすがりつくのである。そうすれば、自分自身の外に出ることが可能になる。

●「消耗しきらない」ための生き方とは

人間一人の自力には限界がある。大きな仕事を独力で成し遂げたと思っても、多くの人たちの助力があってこそできたのである。そのうえに、目に見えない大勢の人たちの支えがある。それが運命であり、運である。となれば、自分が一応の努力をしたら、その運命に頼ってみるのも、生き方として、筋道が通っている。

つまり、「人事を尽くして天命を待つ」のだ。努力家でできる人にとっては、その「人事」にも際限がないため、「斃《たお》れて後已《のちや》む」（死ぬまで一所懸命、頑張り続ける）という結果になることも稀ではない。

たとえば、仕事に関して量的に限度を設定するのは、実際には極めて難しい。したがって、売れっ子になった場合は、完全に消耗するまで働かされる結果になる。そこで、時間的に限度を定めておいて、それ以上は例外なく一歩もはみ出さないように自分を律していく必要がある。

酷使されているときは、売れっ子になっているのと同じ状況に置かれている。顧客先や上司にいうのではなく、まず運命の神に向かって容赦してもらう言葉を述べてみる。そのようにすることによって、自分自身を納得させるのである。

最終的に自分を救うのは自分自身しかいない。

件《くだん》の女優のように、自分自身のライフスタイルに合った、自分を救う言葉を見つけ出しておき、日々使ってみるのだ。**「命あっての物種」**であることを忘れてはならない。

39

「死ぬなよ」にこめられた揺るぎない絆

親友が別れ際にいった言葉が忘れられない。大学時代からの友人で、若いころ二人とも海外生活が長かったこともあり、お互いにファーストネームで呼び合っている相手だ。私の名前をいってから、**「死ぬなよ」**といったのである。

彼は順調に出世街道を上っていっていたが、たまたま彼が役員として管掌していた海外部門において、大きな不祥事が発生し、責任をとって、社を辞めた。奥さんがヨーロッパの人なので、完全に企業との縁が切れた時点で、ヨーロッパに移り住むことになった。

それで当分は会えなくなるというので、出発の前日に一緒に夕食をとり、「じゃ、また」といった後に、彼がいった言葉である。

●「生きる」ことに焦点を合わせた強烈なメッセージ

一瞬、縁起でもないと思ったが、次の瞬間、彼の気持ちが持ち重りのする感じで心にしみてきた。彼はもう仕事は一切しないで、近所の大学でヨーロッパ中世史の勉強をする程度で、後はのんびりとした生活をするといっていた。一方、私は執筆中心にと、仕事の内容は少しずつ変わってきているが、依然として忙しい生活が続いていきそうであったときだ。

お互いに大きな病気は抱えていないが、年齢相応に気をつけなくてはいけない点がある。若いときのように、「じゃ、また」というだけでは、十分にいい尽くせない気持ちがある。「元気で」といったのでは、あまりにも陳腐な表現なので、印象に残らない。

「無理するなよ」といっても、同じように決まり切った言い方なので、聞き流してしまう恐れが十分にある。

そこで彼は、お互いに健康を保って生き続け、元気で再会することを祈って、「死ぬなよ」といったのであろう。「死」という人間にとって最もネガティブな言葉を否定することによって、「生きる」ことに焦点を合わせた。私にとっては、強烈なメッセージとして伝わってきた。

もちろん、あまり親しくない間柄であったら、私が最初、瞬間的に感じたように、縁起の悪いことをいうと思われ、嫌がられたり恨まれたりするはずだ。

しかし、私たちには半世紀にも近くなる長い間のつきあいが基盤にある。同じクラスで知り合った最初の年の夏休みには、彼は私の故郷の島根県の山村にまで遊びにきて、両親とも親しくなった。お互いに家族を持つようになってからの、家族ぐるみの交流もある。

揺るぎない人間関係の絆が結ばれているので、忌《い》むべき言葉を使った表現でも、反感を感じない。使われた「死」という言葉に対しては抵抗感があるが、それは拒否へとはつながらないで、逆にメッセージを強調し、印象的にする結果になっている。

●「強い思い」を伝えたいときは強烈な言葉を

彼が住んでいる町は、その国の首都からも遠く離れた地にあって、ニュースで話題になることもない。しかし、近隣と思われる地域や都市についての報道がなされるときは、世界地図を引っ張り出してきて、その間の距離を推測しながら、彼や奥さんに思いを馳《は》せている。

また、ちょっと疲れ気味になったときなどは、彼の言葉を思い出して、無理がきかない年齢になっていることを考え、もっぱら休養をとるように努めている。

健康に留意するようにといわれても、聞き慣れている台詞であるから、それなりの意味は伝わってくるが、挨拶の一部としか感じられない。しかしながら、びっくりするような強力な言葉を使えば、心に強く訴えて、いつまでも記憶に残る。

非常に親しい間柄であるとき、そして相手に対する自分の思いに強いものがあるときは、強烈な言葉を使ってみるとよい。

私の家族は当然のことながら、私が長生きすることを望んでいる。そこで、何かの拍子には、長生きするようにと「命令」する。もし私が長生きをしなかったら、「ぶっ殺す」といわれている。非常に乱暴な言葉を使っているので、その強制力が強く伝わってくる。早く死んだら、ぶっ殺されるのである。

もちろん、自分自身も現在のところは長生きを望んでいる。しかし、ぶっ殺されるのは怖いので、より一層身体に気をつけるようにしている。

「死」とか「殺す」とか人間が避けたいと思うことをいえば、強い印象を与えることができる。時と場所と場合をわきまえたうえで、自分を十分に理解してくれている人に対して使う限りは、誤解されることはない。思い切って、強い意味を持った言葉を取り上げたり選んだりして使ってみるのだ。自分の気持ちをそのままに強く伝えることができるはずである。

40

「頑張ります」という曖昧な言葉

仕事の場であれ家族や友人との場であれ、「頑張ります」とか「頑張って」とかいう言葉をよく聞く。頑張るというのは忍耐をして努力し続けていくことであるから、人間としての美徳の一つである。したがって、頑張ること自体に対しては、とやかくいうことはできない。

しかし、頑張るというときの心理状態などを深く考えていくと、偽善的なにおいを感じることも少なくない。子供が目を輝かせて「頑張ります」といっているときは、全力を傾注して努力しようとする気迫が伝わってくる。明るい将来を目指して、そこへ到達できることを信じて、突き進んでいこうと考えている。言葉の意味を正しく理解して適切な使い方をしている、といってよい。

●口先だけで終わるか、具体的・明確な目標があるか

しかし、大人が頑張るというときは、必ずしも言葉本来の意味を考えないで、口先だけでいっている。典型的な例は、会社の朝礼などで、今日も一日頑張ろう、という場合だ。

もちろん、本気で努力しようと思っている者もいるが、適当にしておこうと思っている者もいるはずだ。後者は、とにかく呪文《じゅもん》と同じように唱えておけば、朝礼から解放されると考えている。

また、政治や経済の指導的な地位にある人や企業のトップがいうときも同じである。所信を表明して、その遂行のために全力を尽くして頑張る、というのであるが、その会見の場を終わらせるときの修辞法の一つになっている感がある。

何かを成し遂げようとするときに、大まかで抽象的な目標をいって、頑張るとい

ったただけでは不十分だ。

まず、具体的で誰もが誤解することのない明確な目標を示す必要がある。そのうえで、その目標を「必ず達成することを誓う」べきだ。

達成のために努力するだけでも、頑張ることを誓うだけでも、中途半端だ。重要な地位にあって社会的影響力の強いことをする場合は、いった通りに実現しなくてはならない責任がある。もし実現できなかったときは、どのような責任の取り方をするかまで言及しておく必要がある。

この点に関しては、武士の世界は単純明快で、誰もが納得する方式が確立されていた。すなわち、自分がいったり約束したりしたことに反する結果になったときは、「切腹」をして詫び、同時に責任をとったのである。それは、どのような理由や事情があったとしてもである。たとえ不可抗力であろうと、まさに問答無用であった。

最近の政治家は、選挙のときなどに「命がけで頑張ります」と叫んでいるが、武士を少しは見習ってほしい。命がけとは命を絶つことである。切腹は時代錯誤的であるし、「生物的生命」を絶つ必要はない。

しかし、せめて、政治家であれば「政治家生命」、経営者であれば「経営者生命」を絶つのが、約束を実現しなかったときの身の処し方であろう。

●「逃げ道」が用意された無責任なものの言い方

「武士に二言なし」でなくては、「信義」は廃《すた》れてしまう。特に重大な局面でいったことに対しては、どこまでも責任をとる姿勢を堅持しなくてはならない。前言をひるがえすことに対して、世の中は寛大になりすぎている傾向がある。もっと「言葉の重み」を重視する必要がある。

単に「頑張る」といったのでは、所期の目標が達せられなかったときでも、一所懸命に努力したのであるが力不足でうまくいかなかった、と後から言い訳をいう余地が残っている。したがって、一見して断固たる決意表明のように見えても、実際には「逃げ道」が用意されている表現である。それだけに、無責任なものの言い方であるともいえる。

誠心誠意、真剣に取り組もうとするときは、「頑張る」という曖昧な言葉は避けて、具体的な内容について成果を出す、という表現にするべきである。人に何かを依頼したとき、「何とか頑張ってみます」といわれても、安心してはいけない。その実現に対して、必ずしも努力してくれるとは限らない。単にその場を早く終わらせようとする台詞であることも多い。逃げ出すための口上なのである。

「頑張る」という言葉を安易に使っていないか、ときどき自分自身でチェックしてみる。

挨拶の言葉に対する、単なるつけ足しのようなかたちで使っているときが多いのではないか。それはそれでよいが、重要な目標とか課題とかについていうときは、もっと突っ込んだ表現をしてみる。

たとえば、特定の日までに特定の仕事を仕上げます、というように具体的にいうのだ。画一的な表現を使わないだけ、堅固な決意の表明となり、人が寄せる信頼感も大きいものになる。

41

「ごめんなさいね」で心も身体も痛みが和らぐ

注射は嫌いである。生身の身体の一部に針をさすのであるから、動物として本能的に避けようとするのは当然だ。いよいよ針がさされようとするとき、ちょっとした恐怖感に襲われる。ほかの人たちは平気なのであるから、多分自分も大丈夫であろうと考えて、諦める。運命には逆らえないという気持ちである。

もちろん、注射が自分の腕にささるところを直視する勇気はない。血液が吸い取られたり薬液が注入されたりする間、耐えに耐えて、「はい、終わりました」といわれたときは、ほっとする。小さいながら人生の苦難の一つを通り抜けたという、ささやかな自信もついている。

医師や看護師にとって、注射などは日常茶飯事の一つであろう。しかも、取るに足りない小さな作業であるかもしれないが、患者にとっては、大いなる関心事である。したがって、その点に配慮した言動がなされると、その医師や看護師に対する信頼感は大きくなる。

子供に注射をするときは、いろいろと心を落ち着かせるようなことをいってくれるが、大人だって注射されるときの気持ちは、子供と大した差はない。かえって下手な注射をされて痛い目にあったことがある大人のほうが、抵抗感が強いくらいだ。

●優しさがこもった言葉は不安を取り除く

子供のころ、「痛くないからね」といわれたのに、注射はやはり痛いと思った子供は、その次から医師や看護師を信用しない。逆に、「痛いかもしれないが、ちょっと我慢してね」といわれても、強く抵抗しようとする。実際には、相当に下手なやり方をしない限り、耐えられる痛さなのだから、痛いとか痛くないとかはいわないほうがよい。

単純に、「すぐにすむからね」といって、たとえ嫌なことであっても、ちょっとの間であることをにおわせる程度がよい。それに、できるだけ早くするために全力を尽くす風情を見せれば、安心する。医師や看護師は、患者に相対する人という立場ではなく、患者側に立った考え方に基づいた言動が求められる。消費者中心主義、すなわち患者中心主義に立った優しさが必要である。

もうかなり昔のことであるが、初めて胃の内視鏡検査をされることになった。心配になって友人や知人に聞いてみると、辛い検査だという人もいれば、大したことはないという人もいる。同じく胃を検査するときにバリウムを飲むことがあるが、そのほうが辛いという人さえいた。

バリウムを飲むには、前日の夜から飲まず食わずでなければならないだけなので、私としてはちょっとした抵抗感があるだけで、かなり積極的に臨むことができる。しかし、内視鏡検査は辛かった。まさに胃カメラを「飲む」という表現が適切だ。まったくの異物を飲み込み、その異物が喉から胃の中に入ったままの状態が続くのは、生きた心地がしなかった。

●「いたわりの言葉」をかけるなら動作も効果的に

しかしながら、そのときにそばについていてくれた看護師のおかげで、何とか苦境を脱することができた。惨めにも呻《うめ》いている私の背をさすりながら、ときどき**「ごめんなさいね」**といってくれるのである。その行為と言葉によって、かなり心が安らいだ。

「地獄で仏」とはこのことかと思うと同時に、まさに「白衣の天使」に会った思いをした。

痛みを感じている人の身体を「さする」のは、極めて効果的である。実際に痛みを和らげるだけではない。ほかの人も自分の痛みを和らげようとして努力し、協力してくれている、という安心感がある。

それに、理由はどうであれ、現実には痛みを与えている側としての立場から、「ごめんなさいね」といって謝っている。

いたわりの言葉も、言葉だけではあまり効果がない。逆に、反発を感じる場合さえある。しかし、そこに何らかの動作が伴ってくると、その言葉の信憑性が一気に高まる。感情がそのまま伝わってくるからである。すなわち、「共感」の世界が出来上がってくる。

共感の世界では、痛みや苦しみを人が分かち合ってくれるので、それだけ心理的には楽になる。相手と同じ感情の世界に入っていくためには、自分の立場もよく認識したうえでなくてはならない。

件の看護師のように、自分が苦痛を与えている側にあることを認め、それに対して謝ったうえで、痛みを和らげようとする。それが患者に十分に通じたので、かなりの痛みにも耐えることが可能になったのだ。

42

「どうぞ」と「お先に」は人の心を温かくする

世の中では、どちらが先に行くかという問題でもめることが多い。この問題は、建物の出入口や屋内外の狭い通路などで起こる。最近はビジネスの場ではもちろんのこと、そのほかの生活の場でも、皆スケジュールを組み、それに従って忙しく行き来している。そこで、ちょっとでも早く行きたいという気持ちが皆にある。つい我勝ちになる傾向が見られる所以だ。

たとえば、出入口の場合は、普通は先着順に出入りする。すなわち、そこに早く到着した順である。

問題は、ほとんど同時に二人以上の人がやってきたときにどうするかだ。こんな場合は、世のマナーに従えば、事はスムーズに運ぶ。男性と女性の場合は、欧米流のレディーファーストに従って女性を優先する。「長幼に序あり」を信奉する者は、年長者を先にと考える。いずれにしても、目上と思われる人を先にするのは古来からのルールである。

●競争に費やしたエネルギーで得られるものは

狭い通路ですれ違うときも同様だ。どちらかが立ち止まって道を譲る必要がある。そんなときに、急いでいるからといって、自分が先に行ったとしても、十秒も速くはならない。先に行こうとすれば、ある程度は強引にしなくてはならない。それだけ神経を余分に張り詰め、エネルギーを余分に使う結果になる。

それよりも、悠然と構えて、人に先を譲ってみる。ちょっと身を引いて、「どうぞ」といえばよいのだ。そのちょっとした動作と一言が、人の心を温かくする。すべての世界に競争原理が蔓延《まんえん》してきて余裕がなくなった現状に対して、一服の清涼剤のような効果をもたらす。

人や企業がお互いに競い合うことによって、人間社会の発展が大いに促進されてきた。しかしながら、競争を際限なく推し進めていけば、すべて過当競争になる。その結果は競争する側の疲労困憊《こんぱい》である。競争に費やしたエネルギーの割には、それほどの効果も期待できなくなる。

競争した結果、一つの分野で目覚ましい「発展」を遂げたと思っても、それによって、ほかの面におけるバランスが崩れてしまうことにもなる。それは人間の幸せという観点から見れば、「退歩」といったほうがよい結果になることも多い。人間の欲を追求していけば際限がない。「足るを知る」ことによって、競争を打ち切る知恵も必要である。

●「人に道を譲れる人」の余裕のある重み

人に「どうぞ」といって譲ってみる。後塵《こうじん》を拝したからといって、自分の格が下がるわけではない。逆に、奥床しく雅《みやび》やかな風情までも漂ってくる。

我勝ちに先に行こうとする人には、吹けば飛ぶような軽薄さがあるが、人に道を譲る人には余裕のある重みが感じられる。

「どうぞ」といわれたら、感謝したうえで「お先に」といって先に行く。**人の好意を素直に受けることができるのも、余裕の表われ**である。「どうぞ」に対して「どうぞ」といったのでは、人の流れが止まってしまう。

譲り合いの精神自体は賞讃されるべきであるが、もたもたしたのでは、せっかくの譲り合いも「押しつけ合い」に近くなる。ほかに人がいるときは、まさに「はた迷惑」の典型だ。

「どうぞ」といわれたら、相手が先に行くべきだという、誰でも納得するような明快な理由のない限り、「論争」はしないで、自分が先に行く。ここでも先着順ならぬ「先手順」のルールに従うのがスマートである。

また、出入りや通行の場合だけではなく、目的地に近づいたときに人と「先を争う」状況になったときも、一歩退いてみる。「どうぞ」という言葉に対して、感謝の言葉や笑顔が返されたら、自分の心も豊かになる。日常生活の中の小さなことであるが、そのような出会いは人の気持ちを明るくしてくれる。

先を争うのは戦いへの道であるが、先を譲るのは平和への道である。人に譲ったら、自分は遅くなる。

しかし、その遅くなった分の時間は無駄に費やされてはいない。人と人との心を結びつけるために使われている。極めて有意義な時間の使い方である。秒単位の時間を使って、心の豊かさが味わえる機会は、そんなにはない。

43

「いらっしゃいませ」が口先だけの歓迎になっていないか

人が自分のところに来てくれたときには、「いらっしゃいませ」といって歓迎の意を表する。もちろん、満面に笑みを湛《たた》えてでなくてはならない。渋面でいったのでは、何の意味もない。

逆に、わざわざ来てくれた労をないがしろにして、追い返そうとしているのではないかと思われても仕方がない。言葉と表情などのボディーランゲージが一致していなくてはならないのは当然である。

先日、妻と一緒に買い物に行き、昼食時になったので、入口がしゃれた感じの日本料理屋に入った。入ったところにいた女性が最初にいったのは、「お二人さんですか」という質問の言葉であった。「いらっしゃいませ」や「こんにちは」の挨拶もない。入口とはまったく異なった、嫌な印象である。

客の「人」についてはどうでもよく、「人数」にのみ関心がある点を如実に示している。人にサービスをする、その対価として料金をいただく、という商売の原則が全然わかっていない。

多分、単なるアルバイトの女性であるに違いない。もし、経営者やその身内、または仕事に打ち込んでいる人であったら、客に対する態度は異なっている。本当によくぞ入ってきてくれました、という気持ちを表わすような挨拶をするはずだ。

●「集い」「ふれあいの場」が出来上がるとき

頭数を確認することは「金」につながってはいくが、その前に、客になってくれる人に対する感謝の念が湧いてくるはずである。客としても、大勢の客の中の一人として扱われるのではなく、一人の大事な客として接してもらいたいと思っている。

そのような両者の気持ちが完全に合致したとき、**人間同士の「集い」**が出来上がってくる。

そうした集いの場では、サービスする側とされる側という対立的関係ではなく、**お互いに会ったことを喜び、このひと時を楽しもうとする「一座」**になっている。特にサービス業の場合は、人と人とのふれあいの場をつくることができればこのうえない。その心構えがなかったら、店の側も客の側も完全に満足する結果は招来されない。

さて、先の日本料理店に話を戻す。案内されて店の奥に行くと、カウンターに椅子席、それに小座敷もいくつかある。カウンターの内側には三人の板前がいたが、これも無言のままで客を上目遣いに見るだけだ。

妻が小声で「出ましょう」といった。私もそう思ったが、せっかく入ってきたのであるし、もしかしたら料理に専念する職人気質の人たちかもしれないと考えて、カウンターに座った。

最近は料理人でもウエーターなどの店員でも、やたら掛け声ばかりの人たちが多い。見えすいたお世辞をいったり、料理についてご託を並べたりと、口で人をごまかそうとする傾向がある。料理一筋と、頑固かつ実直においしいものをつくって、「腕」で勝負をする人たちが少なくなってきた。そこで、愛想が悪いのは、昔風に腕を売り物にしている証拠ではないか、と勝手に考えたのである。

●「人間的な対応」に人は心を動かされる

ところが、座ってよく見ると、カウンターもおざなりに拭《ふ》いた感じで、拭き清めたというきれいさはない。メニューを見ながら、妻はもう一度、「出ましょう」といったが、私はもう座った以上は、と考えた。それに、昨今はどこに行ってもまずくて食べられないような料理はないはずだ、と楽観的にも考えた。

しかし、その考えは間違っていた。珍しくおいしくない料理であった。妻は一口食べて止めてしまい、戦中戦後育ちで飢えを経験した私でさえも、半分ぐらい残さざるをえなかった。第一印象の悪さが正しかったことが判明したのである。

百貨店などでは、店員の近くに行っただけで、全員が「いらっしゃいませ」を連発する。ショーケースの中の商品を並べ替えるなど、何か作業をしながら、ろくに人の顔も見ないで口を開いている。客が自分の一定距離内に入ってくると、その気配を察知して、自動的に「いらっしゃいませ」という装置が組み込まれているかのようだ。

マニュアルの弊害である。**一人の客に全身全霊を捧げて歓迎の意を表明するのでないと、逆に客は一律に扱われたと考えて、抵抗を感じる**。口先だけで歓迎の意を表わしたのでは、逆効果である。

挨拶は一人ひとりと目を合わせ、背筋を伸ばして丁重にするものだ。流れ作業的にしたのでは、心がこもるはずがない。

企業や店で挨拶について教育することは必要だ。しかし、マニュアル化してくると、単に自分のやる気を高め、雰囲気の景気づけになるだけだ。もっと挨拶を受ける側の身になって、そのときどきに「人間的な対応」をする心構えを養成する点に重点を置く必要がある。

44

「私」と「私たち」の大きな差

ある有名な女性歌手が述懐していた。結婚式に、腰にギブスをはめたままで出席しなくてはならなくなった。なぜなら、婚姻届を出し、法律的には結婚してから、ハワイへ新婚旅行に出かけ、好きなゴルフをしているときに、ちょっとした事故で腰に怪我をしてしまったからである。

そこで、せっかくの一世一代の結婚披露宴の席であるにもかかわらず、無様な格好を人目にさらさなくてはならない羽目になった。

その席上、夫が挨拶の中で、「私たち二人の不注意で怪我をしてしまい」などといったのだ。その途端《とたん》に彼女は、全身から血の気が引くように感じたという。好きな人と結婚したことで大きな喜びの渦の中にあり、さらにその日が披露宴という、うれしさの頂点で舞い上がっていた気持ちが、一瞬にして冷めてしまったのである。

●「了見の狭さ・広さ」が明らかになる言葉

実際は、彼女も大の大人であるから、怪我をしたのは彼女自身の不注意である部分が大きい。しかし、そばについていた夫にも、新妻を常に見守ってやるという配慮が足りなかった。その点を考えて、夫は自分の責任を認めて、「二人の共同責任」とすることによって、彼なりに心の優しさを見せたつもりかもしれない。

しかし、その優しさが中途半端なのである。了見が狭すぎる。妻をどこまでも守っていってやろうとする愛情が見えない。自分は自分であることを守り続けて、そのうえで相手のことを考えるという「利己的」な考え方が見え隠れしている。

いくら男女は同等であるとか女性も強くなったとかいっても、男女が男と女として一対一で向き合うときは、男が女をかばうのが自然な姿である。ましてや夫婦である。一心同体の密接な間柄である。お互いに相手のことについても一〇〇パーセント責任をとるくらいの気構えがないと、平穏で長続きのする関係を保つことはできない。

さらに、彼女はスターであるので、世間体も気にしなくてはならない。ちょっとでも自分が悪かったと思う気があったら、自分が全責任を負おうとするのが、男のとるべき道だ。

結婚式での夫の一言で、相手がスターであるから結婚したという打算が、図らずも暴露された結果になった。心からなる深い愛情があったら、「私たち二人の不注意」ではなく、「私の不注意」という言葉になっていたはずである。

深い絆を結ぼうとする夫婦の間では、よいことはできるだけ相手のおかげであるとし、悪いことはできるだけ自分のせいであるとする。その女性歌手の結婚が失敗に終わったのは、当然の帰結である。

小さな子供が怪我をしたとき、その母親は何というか。ちょっとした怪我の場合は、子供にその不注意を指摘したり叱責を加えたりする。しかし、大怪我の場合は、全責任をとろうとする。子供に対して、また周囲の人たちに対しても、自分が不注意であったことをいって詫びることに徹する。重大な局面においては、子供を徹底的にかばうのである。これが深い愛情の発露だ。

●「打算の要素の多い企業」と「血の通っている企業」

ビジネスの場における責任の取り方についても、同じようなことがいえる。何か間違いが起こったときは、直接に手を下した者や、最も密接に関わり合っていた者の責任が重い。

だが、企業の中では皆が「連携」して「分業」をしている。したがって、分業に重点を置けば、個々の仕事については実際に担当している者の責任である。しかし、連携に重点を置けば、担当者以外にも責任なしとはいえない。

連携の結びつきが強いところでは、お互いに助け合う精神に満ちている。したがって、絆がしっかり結ばれた夫婦のように、よいことは皆の協力のおかげであるとし、悪いことは自分のせいにする風潮になっている。

すなわち、**「私たちの成功」**であり、**「私の失敗」**である。

「私」に「たち」という言葉をつけるかつけないかによって、それを聞く人々の受けとめ方は大きく違ってくる。打算の要素の多い企業であるか、血の通っている企業であるかの見分けがつく。**心の底でどのように思っているかは、言葉の端々に、また、ちょっとした使い方に微妙なかたちで表われてくる。**

あえて無実の罪を被《かぶ》ろうとする人は、間違いなく誰かをかばおうとしている。その誰かとは、強い絆でつながり、このうえなく深い愛情を抱いている人である。この極端な例でわかるように、かばうのは愛情や友情の表現であり、かばおうとしないのは愛情や友情がまったくない証拠である。

「私」と「私たち」の言葉の使い分けを注意深く観察してみると面白い。もちろん、人についてだけではなく、自分自身についてもである。

45

「もっとあなたの話が聞きたい」の一言で関係を深める

レセプションやパーティーの席上で、初めて会った人と話が弾んで、その場が大いに盛り上がるときがある。話題に対し、同じような関心があったり、相手の考え方に共鳴したりするときもあれば、共通の友人がいることがわかったりすることもある。また、仕事のうえで接点があったり、ありそうだったりして、利に絡んだ動機で話に花が咲くこともある。

そんなときは、「またお会いしましょう」などといって別れる。しかし、それは積極的に会いたいというメッセージではない。単なる別れの挨拶であって、「失礼します」というのと、それほどの違いはない。もちろん、またどこかで会えたらよい、という気持ちぐらいは含まれている。

●気軽に口にしたリップサービスの波紋

相手に対する興味の度合いが大きいときは、「いつか一緒に食事でもしましょう」という人がいる。酒を飲んでいたりして、多少は気分が高揚しているときにいう言葉であるから、そのまま受け取ると、後から失望する羽目になる。

通常は目上の人がいう台詞だが、その人がちょっとした有名人であったり、それなりの地位を占めている人であったりすると、うれしくなって、声がかかってくるのを心待ちにする。

相手としては、その場では実際に一緒に食事をしようと思っていたかもしれないが、翌日になったら忙しさに紛れて徐々に忘れてしまう。もちろん、単なるリップサービスとしていった人は、その日のうちに忘れてしまっているだろう。ただ、そういったのは、少なくとも相手を気に入った証拠なのである。

しかし、いわれたほうとすれば、誘いの声がかかってこないからといっても、催促するわけにはいかない。初めのうちはときどき事あるごとに思い出して、程度は極めて軽いとはいえ、焦燥感と失望感に悩まされる。そのうちに、相手は口先だけの軽薄な人であると結論づけることによって、頭の中にある「済み」のファイルに入れてしまう。

「食事でも」という誘いは、相手に恩恵を与えようという約束である。ちょっとした席で、ちょっとした会話の際に、ちょっとした拍子にいったことであるから、いった当人は、約束にもならない、ちょっとした言葉であると、軽く考えているかもしれない。しかし、いわれた側としては、自分にとってプラスになることをしてもらえること、期待してしまう。

恩恵を与える側は、小さなことであるから、忘れてもよいだろうと思ったり忘れたりする。恩恵を受ける側は、小さなことであっても、自分にとってプラスになることであるから、ずっと覚えているのだ。何かの拍子に小銭を貸し借りしたとき、借りた人はつい忘れてしまうが、貸した人は意外に長く覚えているものだ。その場合と同じである。

●「印象的なかたち」で相手の記憶に残る人になるには

重要度の高いことや大きいことを約束したときは、誰でも覚えている。履行できなかったときは、きちんと謝ったり事情を説明したりする。ところが、小さいことに関しては、軽く考えているので、そのままずるずると時間が経過し、履行しないで終わってしまう。それだけに、小さな約束めいたことでも、忠実に履行する人の信用が高まる点については、疑いの余地がない。

一緒に食事でもしようといっておいて、お茶を飲んだのでは、「格下げ」である。会うという約束は履行したものの、勝手に簡単な会合にしたのであるから、約束をフルに守ったとはいい難い。思いつきで、食事などという時間も金もかかることを約束するから、履行するのが億劫《おっくう》になるのである。

軽い口約束めいたことをいうときは、内容も軽いものにしておいたほうがよい。お茶といっていたのを食事へとグレードアップすれば、相手の満足度をさらに高める結果になる。

もう一度会いたいと思う人に出会ったときは、話が面白かったとか、教わるところが多々あったとかいって感謝をする。そのうえで、**「もっとあなたの話が聞きたい」**などといっておくのである。

いわれた側としても、自分の話や考え方に多大なる関心を抱いてくれたことがわかるので、満足感もひとしおである。極めて印象的なかたちで相手を覚える結果にもなる。

また、話を聞く機会を持ちたいといった人だけではなく、いわれた人からでも、連絡を自由にとることのできる環境がつくられている。このような**コミュニケーションのルートを開いておくことが、これぞと思う人に会ったときに、まずすべきこと**である。相手の心を少しずつ開いていき、ソフトランディング的に会う可能性をつくることから始める必要がある。

46

人は「ちょっとした言葉の違い」を敏感に感じとる

約束していたことが履行されていない点を指摘されると、「大したことではない」といって、逆に攻撃的な姿勢を示す。それは末梢的《まっしょう》な問題であるから、不履行を非難するほうが悪いといわんばかりである。

しかし、どんなに小さいことでも、いったん仕遂げるといった以上、仕遂げられなかったときは、その非を認めて謝るのが人の道というものだ。

また、先行きの見通しが困難であることが予想される場合に意見を求められると、「私に聞いてもわかるわけがない」といって突っ放す。未来のことがわかる人は一人もいないし、特に混乱した状況にあっては見通しも立たない。

したがって、至極当然の答えともいえるが、いやしくも自分が総責任者として関係している場合には、何分かの考えぐらいは披瀝《ひれき》する義務がある。

同じように責任のある地位にある人で、乱れた私生活を暴露され、歴然たる証拠を突きつけられても、白を切り続けている人もいる。また、「それがどうした」といって強気の姿勢を崩さないで、恥ずかしいとも思わず、反省をしようともしない人もいる。

「よくないこと」をしたときに素直に謝れる人

人間は完全ではない。するといったことができないこともある。さまざまな欲を抑えきれなくて、品行方正を貫けないこともある。

しかし、「よくないこと」をしたときは、素直に「すみません」といって謝らなくてはならない。特に、責任のある地位にいる人の場合には、必ず守るべき行動様式である。

「責任のある」人が「責任をとらない」ときは、その地位に留まる資格はない。即刻、その地位から下りなくては、物事の筋道が狂ってくる。

責任のある地位にいるから、「威厳」を保とうとしているのかもしれない。しかし、威厳とは、保とうと思ったとき、少なくともその瞬間に消滅する。

威厳は人為的に保つものではなく、自然に備わっているものである。正々堂々と正しい道を突き進んでいこうとする強い意志と迫力から、威厳が身についてくるのだ。

責任ある地位を占めている人には、開き直ることは許されない。窮鼠《きゅうそ》猫を噛むことができるのは、弱者のみである。

いくら追い詰められたとしても、自分が強者の立場に立っている以上は、弱者に対して攻撃的態度をとってはならない。

弱い者いじめをするのは強者ではなく、強者を装っている者だ。真の強者は、自分の悪いところや弱みに関しては、それを認めて謝る。「弱った」とか「参った」とかいえば、その率直さに人間的魅力を感じる人もいるだろう。

●「過つは人の常」――大事なのは、その後の対応

「すみません」といって謝る人は、自分の非をはっきりと認めることで、同じことは二度としないように心掛けようとしている。しかし、謝ろうとしない人は、自分自身は悪いことをしたとは思っていないので、同じような悪いことを将来も繰り返してする可能性が高い。

「過つは人の常」である。間違わなかったら、人間ではないかもしれない。したがって、「すみません」とか「私が悪かった」とかいったことのない人は、人の格好をしていても人ではない。人非人であるとなれば、心を許してつきあう相手ではない。時に、責任ある立場にある人の場合は、常に注意深く見張っている必要がある。

一方、私の知っている人に、「ごめんなさい」というのが口癖になっている人がいる。話をするたびに謝られている感じがして、抵抗感がある。本当に謝るべきと

きにも、心から謝っているのか、口先だけでいっているのかの見分けがつかない。

やはり、**謝るべきときは、「胸を張って」というのは語弊があるが、毅然たる態度で頭を下げ、「すみません」という**のである。常に自分の最善を尽くしていると いう自信があれば、謝るときにも悪びれる姿勢にはならない。

悪いことを悪いと認める人は、そのほかの点ではすべてをつつがなくこなしていると考えて間違いない。十分に信頼できる相手である。

自分に都合の悪いことは極力ごまかそうとする人がいるが、ごまかそうとする努力は言動の不自然さに表われてくる。そのおぼつかなさが人々に不安感を与え、人々の不信感を募らせる。ごまかしたり隠したりすると、瞬間的に「人格破綻者」となり、そのにおいを人々は敏感に感じとるのである。

〈了〉

本書は、小社より刊行した『ちょっとした口のきき方46』を、文庫収録にあたり再編集のうえ、改題したものです。

気《き》くばりがうまい人《ひと》のものの言《い》い方《かた》

著　者　山崎武也（やまさき・たけや）
発行者　押鐘太陽
発行所　株式会社三笠書房
〒102-0072　東京都千代田区飯田橋3-3-1
https://www.mikasashobo.co.jp
印　刷　誠宏印刷
製　本　若林製本工場

ISBN978-4-8379-6913-6　C0130

本書へのご意見やご感想、お問い合わせは、QR コード、
または下記 URL より弊社公式ウェブサイトまでお寄せください。
https://www.mikasashobo.co.jp/c/inquiry/index.html

王様文庫

王様文庫

好かれる人のちょっとした気の使い方

山﨑武也

会話がはずみ、さわやかな印象を残す話し方・行動術　◎「なるほど」「そうですか」という一言の力　◎誰にもある「もてはやされたい気持ち」を理解する　◎相手の「真意」を汲み取った受け答えを　……相手の気持ちを、ちょっと「推し量る」だけでいい

いちいち気にしない心が手に入る本

内藤誼人

対人心理学のスペシャリストが教える「何があっても受け流せる」心理学。◎「マイナスの感情」をはびこらせない　◎〝胸を張る〟だけで、こんなに変わる　◎「自分だって捨てたもんじゃない」と思うコツ……etc.「心を変える」方法をマスターできる本！

ちょっとだけ・こっそり・素早く「言い返す」技術

ゆうきゆう

仕事でプライベートで――無神経な言動を繰り返すあの人、この人に「そのひと言」で、人間関係がみるみるラクになる！　＊たちまち形勢が逆転する「絶妙な切り返し術」　＊キツい攻撃も「巧みにかわす」テクニック……人づきあいにはこの〝賢さ〟が必要です！

K30518